Stefan Högl

Fels in der Brandung in stürmischen Zeiten

Benedikts Botschaft an die Welt und sein Vermächtnis

für die Kirche – Fundamente für einen neuen Aufbruch

In memoriam

Monsignore Karl Katzenmüller (1922-2012)

+ Carissimo amico in amicitiam aeternam +

*Titelbild: Wikimedia Commons - https://commons.wikimedia.org/wiki/File:Papa-
tagliato.png*

© 2018 Herstellung und Verlag:
BoD – Books on Demand, Norderstedt
ISBN: 978-3-7481-6869-0

INHALTSVERZEICHNIS

„...eine dramatische Situation, die alle angeht..."

„Gib deinem Knecht ein hörendes Herz" – so zitiert Papst Benedikt aus dem Alten Testament[1], gleich zu Beginn seiner Ansprache vor dem deutschen Parlament. Welcher Rahmen hätte besser passen können, als eine Rede zu den Abgeordneten der verschiedenen Parteien? Ein deutscher Papst im Deutschen Bundestag konnte sich aller Aufmerksamkeit sicher sein. Kameras würden jede Regung aufzeichnen, Protokollanten jedes Wort notieren, die Zuhörer gespannt dem Vortrag folgen. Es war die beste Gelegenheit für eine bewegende Botschaft.

„Gib deinem Knecht ein hörendes Herz" – diese Bitte äußert der junge König Salomon im Buch der Könige. Gemeint ist ein empfindliches Gewissen, ein Gespür für richtiges Handeln. Mit diesem Thema berührt Benedikt das Selbstverständnis der Abgeordneten. Immerhin entscheiden sie über Gesetze, von denen erwartet wird, dass sie richtig, dass sie gerecht sind. Da schadet es nicht, die Volksvertreter einmal an die Grundlagen ihres Auftrags zu erinnern.

Doch der Blick weist über die Mauern des Reichstags hinaus: Es geht um eine philosophische Grundfrage, über die sich Denker aller Fachrichtungen seit Jahrhunderten streiten: Wie lässt sich richtiges Handeln begründen? Wo liegen die Grundlagen von Moral und Ethik? Gibt es überhaupt ein „Gewissen"? Und: Hat der Mensch einen freien Willen? – Wer immer eine Antwort versucht, bleibt nicht bei Werten und Pflichten. Am Ende geht es um das Bild vom Menschen – und um ein ganzes Weltbild.

„Gib meinen Zuhörern ein waches Ohr!" – So hätte die Bitte in jener Stunde lauten können. Einmal, weil schon die Abgeordneten des Bundestags alle Mühe hatten, dem Vortrag aufmerksam zu folgen: Der Blick in die Tiefe ihres Handelns war vielen suspekt. Zum anderen aber finden existenzielle Fragen auch andernorts kaum noch Gehör. Im Zeitalter des wissenschaftlichen und technischen Fortschritts sind sie geradezu verstummt. Wer sich philosophischen oder religiösen Themen zuwendet, gilt schnell als rückständig und unaufgeklärt, als Träumer und Phantast. Den Sinn des Lebens zu suchen, ist heute peinlich geworden.

Das Desinteresse an den großen Fragen des Lebens ist nicht ohne Folgen geblieben. Für den Einzelnen nicht, der den Stürmen und Wechselfällen des Lebens jetzt ohne Orientierung entgegentreten muss, und auch nicht für die Gesellschaft, der nunmehr die Basis fehlt, ein gemeinsames Fundament, auf dem

---

[1] 1Kö 3,9.

das staatliche Handeln erst errichtet werden kann. Gerade in Zeiten großer Herausforderungen ist diese Ausgangslage mehr als bedrückend, für das Individuum ist sie am Ende beängstigend.

„Wo die alleinige Herrschaft der positivistischen Vernunft gilt – und das ist in unserem öffentlichen Bewußtsein weithin der Fall –, da sind die klassischen Erkenntnisquellen für Ethos und Recht außer Kraft gesetzt." – Benedikts Feststellung und sein anschließender Appell richten sich jedoch nicht allein an die versammelten Abgeordneten: *„Dies ist eine dramatische Situation, die alle angeht und über die eine öffentliche Diskussion notwendig ist, zu der dringend einzuladen eine wesentliche Absicht dieser Rede bildet."[2]*

Von der – dringend! – angemahnten Diskussion ist auch nach Jahren nichts zu spüren. Die Parlamentarier haben freundlich Beifall gespendet und sind in ihren Alltag zurückgekehrt. Die Medien haben den Besuch des Papstes als historisches Ereignis gewürdigt. Und das öffentliche Bewusstsein hat Benedikts Appell genauso konsequent überhört, wie es die existenziellen Fragen des Menschen seit Langem ignoriert.

Es ist höchste Zeit, Benedikts Anliegen auf die Tagesordnung zu bringen und die existenziellen Fragen auch unserer Zeit vor diesem Hintergrund zu betrachten. Der Weg ist weniger weit, als es scheint, und auch mit kleinen Schritten kann es dabei gut vorangehen.

---

[2] So Benedikt XVI. in seinem Aufruf im Deutschen Bundestag am 22. September 2011 (BT III,25 und 26) – Im Anhang befinden sich die editierten Versionen der Bundestagsrede (BT) sowie der Regensburger Rede (RR).

I. Von alten Geschichten und ewigen Fragen

> *Da steh ich nun, ich armer Tor!*
> *Und bin so klug als wie zuvor; ....*
>
> *Und sehe, dass wir nichts wissen können!*
> *Das will mir schier das Herz verbrennen.*

So sind die Worte von Heinrich Faust, der in einer Vollmondnacht in seinem Arbeitszimmer sitzt und eine schwere Krise durchlebt.[3] Groß ist die Verzweiflung des Gelehrten, der nach all den Jahren des Suchens und Forschens feststellt, dass er auf dem Weg zur Wahrheit weit zurückgeblieben ist. Weil seine Verfassung in mancherlei Hinsicht der *„dramatische[n] Situation"*[4] unserer heutigen Gesellschaft ähnelt, ist es wert, in jenem Klassiker der Weltliteratur noch einmal zu blättern.

Am Anfang der Geschichte steht eine umstrittene Person, jener historisch nachweisbare Johann Georg Faustus, der als Wunderheiler, Astrologe, Wahrsager und vielleicht auch als Hochstapler vornehmlich im süddeutschen Raum herumgewandert sein soll. Geboren um 1480, im ausgehenden Mittelalter, war er Zeuge der heranbrechenden Neuzeit, eines Zeitalters der Erkundungen und Erfindungen. Die Entdeckung Amerikas und Luthers Thesenanschlag fanden in seiner Lebenszeit statt.

Jahrhundertelang bildeten sich Sagen um diese Person, bis sich die Gestalt des Faust einem der bekanntesten deutschen Dichter geradezu aufdrängte: Johann Wolfgang von Goethe.[5] Die gleichnamige Tragödie haben Generationen von Schülern mehr oder weniger freudig gelesen, sie gilt als das meistzitierte Werk der deutschen Literatur. Schließlich wirft der Klassiker einen interessanten Blick auf grundlegende Fragen des Lebens. Das ist auch der Grund, weshalb er in diesem Zusammenhang Erwähnung finden wird – und zwar schon in Kürze.

---

[3] Faust I, V. 358-359; 364-365.
[4] BT III,26.
[5] Der Dichter beschreibt in der *Zueignung*, wie geradezu Besitz von ihm ergriffen wird: *„Ihr naht euch wieder, schwankende Gestalten. (...) Ihr drängt euch zu! Nun gut, so mögt ihr walten, [w]ie ihr aus Dunst und Nebel um mich steigt"* (Faust I – V.1; V.5-6).

Das alte Weingut und sein Winzer

Ein sehr altes und abgelegenes Weingut erstreckt sich über weite Landstriche in der Ferne des Südens, wo seine Gärten die Hänge eines langgezogenen Tales säumen. Sein Ruf reicht weit über die Grenzen des Landes hinaus, weltbekannt ist der Saft der Reben, der sich in vielen sagenumwobenen Erzählungen wiederfindet. Die Geschichte des Guts führt über längst vergangene Epochen in den Nebel einer grauen Vorzeit. Erhalten geblieben sind die Mauern der mächtigen Anlage, die zu den größten ihrer Art gehört und ihrem Namen alle Ehre macht. Bewahrt wurde auch die Tradition der Herstellung des edlen Safts, wenngleich die Nachfrage seit langer Zeit rückläufig ist.

Regelmäßig besuchen Gäste das Weingut, besonders zu traditionellen Festen und feierlichen Anlässen. Auch wenn der Zustrom merklich nachgelassen hat, ist das Interesse für den Wein und seine Herstellung bis auf den heutigen Tag lebendig geblieben. Immer wieder neue Gäste suchen den Weg in die Kelterei und dringen in der verschlungenen Dunkelheit des kühlen Kellers zu den alten Eichenfässern vor. Das Geheimnis des Traubensafts scheint indes gut gehütet werden zu müssen.

So muss man es wohl verstehen, dass die Fragen der Besucher nach dem Zauber des Weins und dem Gehalt der Trauben stets ausweichend beantwortet werden. Jüngere Gäste werden alsbald von aufmerksamen Mitarbeitern belehrt, was auf dem Gut zu tun und was besser zu unterlassen ist, und kaum jemand verlässt das Anwesen ohne eine Warnung vor der Gefahr des übermäßigen Genusses. Bald mochte niemand mehr Genaueres über die Kunst des Winzers wissen. So ist am Ende die Zahl der Besucher zurückgegangen, auch wenn das Weingut mit seinem edlen Saft weithin geschätzt wurde.

Eines Tages kam eine Gruppe junger Besucher, die von weiter her angereist waren und vom alten Weingut gehört hatten. Einige von ihnen hatten den alten Winzer auf einem Vortrag gehört, wie er über seine Arbeit und das Anwesen gesprochen hatte, das ihm seine Vorfahren anvertraut hatten. Schließlich fanden sie ihn in seinem Arbeitszimmer gleich neben einer großen Bibliothek. Die fremden Besucher wollten – obwohl sie alle wussten, was es mit dem Rebensaft auf sich hatte – der Natur des Weines auf den Grund gehen. So trafen sie auf den betagten Winzer, der sie herzlich empfing.

Der alte Mann, der noch nicht wusste, wer einmal sein Nachfolger werden würde, betraute zunächst seine engsten Mitarbeiter mit der Suche nach Antworten für die wissbegierigen Gäste. Doch schon die Frage nach dem Wesen des Weines sorgte für hektisches Blättern in großen Büchern, aus denen der eine die chemische Zusammensetzung der Substanz erläuterte, während ein anderer die Weltjahresproduktion bestimmte und ein dritter die Kostenfrage durchgehen wollte. Was sich nicht nachblättern ließ, musste auf später vertagt werden.

Erst am Abend, als sich der alte Winzer selbst den Gästen zuwenden konnte, bat er die interessierten Besucher in seinen Keller. Er ließ sie die vielen Schriftstücke ablegen, die sie den Tag über bekommen hatten, und bat sie, die verbliebenen Fragen ihm selbst zu stellen – sie drehten sich um das Wachsen der Trauben, die Pflege der Reben und die Ernte der Frucht. Vor allem aber um den Wein an sich und seine Bedeutung für die Menschen. All diese Fragen hatten sie ursprünglich hierhergeführt, und noch immer warteten sie auf eine Antwort.

Der alte Winzer holte zuerst ein kleines Fass aus seinem Vorrat und gab jedem seiner Gäste ein Glas Wein in die Hand. Der gute Tropfen schimmerte im Licht der Lampen und sein Duft verbreitete sich im Raum. Während nun alle auf den alten Mann anstießen, begann dieser zu jeder Frage eine lange und bilderreiche Geschichte zu erzählen. Die Zuhörer nickten und erlaubten sich so lange nachzufragen, bis allseits Zufriedenheit einkehrte. Als am frühen Morgen alle Gläser leer und die Gäste müde waren, konnte keiner auf Anhieb die Frage des Vortags beantworten, und doch hatte ein jeder die Antwort des Winzers verstanden.

Heinrich und Gretchen

Margarete ist ein junges Mädchen, halb erwachsen und etwas schüchtern. Es stammt aus bescheidenen Verhältnissen und trifft eines Tages auf einen jungen Mann, der es unerwartet anspricht und in den es sich verliebt. Trotz mancher Bedenken lässt sich Margarete auf ihn ein. Die Anbahnung dieser Liebschaft findet sich in Goethes *Faust* und wäre kaum von Interesse, wenn sie nicht einen dramatischen Hintergrund hätte, von dem die junge Frau freilich nichts weiß.

Heinrich Faust, von dem eingangs kurz die Rede war, ist ein angesehener Gelehrter, der in die Jahre gekommen ist und nun mit großer Ernüchterung auf sein bisheriges Leben blickt. Einerseits, so stellt er fest, hat er sein großes Ziel, wirkliches Wissen zu erwerben, über all die Jahre verfehlt. Seine Suche danach, *„was die Welt im Innersten zusammenhält"*[6], erscheint ihm als gescheitert. Von den weltlichen Genüssen ganz zu schweigen – auch hier ist Faust viel zu kurz gekommen, wie er mit Verbitterung bekennt.

---

[6] V.382-383 – Er gesteht, er *„sehe, dass wir nichts wissen können!"* (V.364).

An diesem Abend – es geht auf die Osternacht zu – tritt der Teufel auf den Plan, zuerst noch heimlich, doch bald gibt er sich zu erkennen. Faust, der mit seinem Leben schon abgeschlossen hat, lässt sich nun auf einen Handel ein: Unter der Bedingung, dass ihm der seltsame Geselle aus der Unterwelt im Diesseits alle Wünsche erfüllt, will er ihm später seine Seele übereignen. Den Anfang wird eine Liebschaft machen, für die er das erste Mädchen gewinnen will, dem er begegnet: Das junge Gretchen. Nachdem er zuvor schon einen Zaubertrank bekommen hat, der ihn deutlich verjüngt hat, nimmt die Sache ihren Lauf.

Wer das Werk kennt, weiß, dass die Geschichte für das Mädchen tragisch endet. Doch darum soll es nicht gehen. Margarete ist nicht nur bescheiden und freundlich, sie ist auch folgsam – und gläubig. Sie achtet die kirchlichen Gebote ihrer Zeit und hat sie fest verinnerlicht. Nun lässt sie sich auf Heinrich ein, dessen dunkle Seite sie zwar nicht kennt, dessen Desinteresse an der Religion ihr aber nicht verborgen bleibt. Soll sie mit ihm befreundet sein, gar eine Zukunft planen, wenn er ihren Glauben womöglich nicht teilt? Der Dichter teilt uns die Gedanken der jungen Frau nicht mit, aber so ähnlich müssen sie wohl gewesen sein, als sie ihren Geliebten damit konfrontiert.

Dieser Moment ist als *Gretchenfrage* zu einem bekannten Ausdruck geworden, jene Frage, bei der Heinrich „Farbe bekennen" muss. Eigentlich wird die Frage gleich zweimal gestellt. Margarete versucht es zunächst noch recht vorsichtig:

Margarete	*Versprich mir, Heinrich!*	
Faust	*Was ich kann!*	
Margarete	*Nun sag, wie hast du's mit der Religion?*	*3415*
	Du bist ein herzlich guter Mann,	
	Allein ich glaub, du hältst nicht viel davon.	
Faust	*Lass das, mein Kind! Du fühlst, ich bin dir gut;*	
	Für meine Lieben ließ' ich Leib und Blut,	
	Will niemand sein Gefühl und seine Kirche rauben.	*3420*
Margarete	*Das ist nicht recht, man muss dran glauben!*	
Faust	*Muss man?*	
Margarete	*Ach! wenn ich etwas auf dich könnte!*	
	Du ehrst auch nicht die heil'gen Sakramente.	
Faust	*Ich ehre sie.*	
Margarete	*Doch ohne Verlangen.*	*3425*
	Zur Messe, zur Beichte bist du lange nicht gegangen.	

Wie hast du's mit der Religion? – Um eine ehrliche Antwort versucht Heinrich Faust zunächst herumzukommen, fast mit Erfolg. Doch dann spitzt Margarete ihre Frage so zu, dass sie eigentlich nur mit „Ja" oder „Nein" beantwortet werden kann – und wieder versucht der Geliebte sich herauszuwinden:

Margarete	*Glaubst du an Gott?*	
Faust	*Mein Liebchen, wer darf sagen,*	
	Ich glaub an Gott?	
	Magst Priester oder Weise fragen,	
	Und ihre Antwort scheint nur Spott	
	Über den Frager zu sein.	
Margarete	*So glaubst du nicht?*	3430
Faust	*Misshör mich nicht, du holdes Angesicht!*	
	Wer darf ihn nennen?	
	Und wer bekennen:	
	Ich glaub ihn.	
	Wer empfinden	3435
	Und sich unterwinden	
	Zu sagen: ich glaub ihn nicht?	
	Der Allumfasser,	
	Der Allerhalter,	
	Fasst und erhält er nicht	3440
	Dich, mich, sich selbst?	
	Wölbt sich der Himmel nicht dadroben?	
	Liegt die Erde nicht hierunten fest?	
	Und steigen freundlich blickend	
	Ewige Sterne nicht herauf?	3445
	Schau ich nicht Aug in Auge dir,	
	Und drängt nicht alles	
	Nach Haupt und Herzen dir,	
	Und webt in ewigem Geheimnis	
	Unsichtbar sichtbar neben dir?	3450
	Erfüll davon dein Herz, so groß es ist,	
	Und wenn du ganz in dem Gefühle selig bist,	
	Nenn es dann wie du willst,	
	Nenn's Glück! Herz! Liebe! Gott!	
	Ich habe keinen Namen	3455
	Dafür! Gefühl ist alles;	

	Name ist Schall und Rauch,	
	Umnebelnd Himmelsglut.	
Margarete	*Das ist alles recht schön und gut;*	
	Ungefähr sagt das der Pfarrer auch,	*3460*
	Nur mit ein bisschen andern Worten.	
Faust	*Es sagen's allerorten*	
	Alle Herzen unter dem himmlischen Tage,	
	Jedes in seiner Sprache;	
	Warum nicht ich in der meinen?	*3465*
Margarete	*Wenn man's so hört, möcht's leidlich scheinen,*	
	Steht aber doch immer schief darum;	
	Denn du hast kein Christentum.	

Am Ende hat Margarete wohl recht – auch wenn sie von Heinrich nicht mehr lassen kann. An dieser Stelle – die Szene findet im Garten der Nachbarin statt – werfen wir einen kurzen Blick in den Weinkeller des alten Winzers, der sich in einer ganz ähnlichen Situation befunden hat wie der junge Heinrich, freilich ohne den Teufel im Nacken zu haben. Man hat ihm die wesentlichen Fragen gestellt, wie man sie nur ihm als erfahrenem Winzer überhaupt stellen kann: Was macht den Wein aus, wie kommt er zu seinem vollen Geschmack, was bedeutet er für die, die ihn genießen und was sagt das über uns Menschen aus?

Wer da in großen Büchern nach schnellen Antworten sucht, wird sie so schnell nicht finden. Verzeichnisse und Tabellen werden nicht weiterhelfen, wenn die Fragen in die Tiefe gehen. Und wer nie ein Glas Wein in der Hand gehalten hat, nie Geruch und Geschmack des Rebensafts genossen und seine Wirkung gespürt hat, der kann das Wesen des Weins tatsächlich nur in Büchern suchen. Der alte Winzer aber hat aus seinem Leben erzählt, aus seinen Erfahrungen, vielleicht Geschichten, die er selbst nur gehört hat. Das Erzählte mag nicht immer wörtlich wahr gewesen sein, das hat auch niemand erwartet, aber so konnte der Winzer vermitteln, was er für wahr hielt und seine Antworten wurden verstanden.

Heinrich ist gewissermaßen das Gegenteil des alten Winzers – auch ihm werden existenzielle Fragen gestellt und auch von ihm wird eine Antwort erwartet. Doch die „Geschichten", die er erzählt, sollen Margarete abhalten, ihn noch länger auf die Probe zu stellen. Was soll er in seiner Situation auch sagen? Die Wahrheit wäre das Aus für seine Liebschaft und so versucht er es mit wortreichen Umschreibungen, aus denen eigentlich der Dichter spricht. Am Ende versteht

Gretchen gar nichts mehr, aber immer noch genug, um Faust im Grunde zu durchschauen.

Was macht eine Frage zu einer *echten* Gretchenfrage? Wenn ihre Beantwortung zeigt, mit welchem Blick wir die Welt sehen – und mit ihr all die großen und kleinen Fragen des Lebens. Am Ende mündet die Suche in die eine große Frage nach dem Wesen unserer Wirklichkeit.
Von ihrer Beantwortung hängen moralisch-ethische Begründungen ab, privates und politisches Handeln, philosophische und religiöse Denkgebäude: am Ende also ein ganzes Weltbild. Die zentrale Gretchenfrage lautet also:

Was ist das für eine Wirklichkeit, in der wir leben?

II. Erste Fragen und letzte Antworten: Die Spur des Wissens

Die Frage nach der Wirklichkeit führt uns zurück zu den Ursprüngen der menschlichen Natur, ist es doch eine der wesentlichen und herausragenden Merkmale des *homo sapiens*, nach Begründungen für die Welt und nach Antworten auf existenzielle Fragen zu suchen. Die Anfänge menschlicher Sinnsuche lassen sich nur mehr mit Mühe erahnen, weil die ältesten schriftlichen Zeugnisse lediglich einige tausend Jahre hinter unsere Zeitrechnung zurückreichen und die Deutung älterer archäologischer Funde, von Grabbeigaben bis zu Höhlenmalereien nur vage Aussagen ermöglichen. Dass sich schon der frühe Mensch Gedanken über sich und seine Welt gemacht hat, kann man mit einiger Sicherheit annehmen. Sie sind in mythischen Erzählungen überliefert und haben in vielfältigen religiösen Traditionen eine lebendige Gestalt angenommen.

Die Kraft der neuen Gedanken

Im antiken Griechenland, von wo uns Göttersagen und Heldenepen bekannt sind, kündigt sich im sechsten vorchristlichen Jahrhundert eine Entwicklung an, die sich sonst nirgends so deutlich und eindrucksvoll zeigt wie an diesem Ort. Es schlägt die Geburtsstunde der Philosophie.

Längst haben die Heldenerzählungen Homers an Bedeutung verloren. Die griechischen Götter, die sich ohnehin nie für das Schicksal der Menschen interessiert hatten, haben ihre frühere Kraft eingebüßt – das Theater ist ihr Zuhause geworden. Denn nun machen sich die Philosophen daran, ein Bild der Wirklichkeit zu entwerfen, das sich nicht mehr auf die mythischen Erzählungen der Vergangenheit stützen muss. Ihr Ausgangspunkt ist die menschliche Vernunft, das eigene kritische Denken.

Die ersten Weltbilder, die uns in Fragmenten überliefert sind, waren vor allem Spekulationen über die Natur: Über die Erde und das Leben auf ihr, über Menschliches und Göttliches, über das Weltall und die Gesetze im Kosmos. Forschung im heutigen Sinne war noch nicht möglich, so dass es eine Fülle von Versuchen gab, den Lauf der Dinge zu erklären.
Einige Philosophen vermuteten ein einziges Prinzip, mit dem sich alles erklären lassen sollte, andere sahen viele unteilbare Bausteine *("Atome")* als Grundstoff der Welt. Wieder andere gingen von Urelementen aus, aus denen alles aufgebaut sein sollte. Während die einen mit göttlichen Kräften rechneten und eine unsterbliche Seele erkennen wollten, waren andere davon überzeugt, die gesamte Wirklichkeit sei bloß aus Materie zusammengesetzt.

Erwogen wurde vieles, und auch viel Grundsätzliches. Nur: Was immer an Argumenten für ein bestimmtes Weltbild geliefert wurde, Beweise ließen sich kaum erbringen.

Tatsächlich haben viele Theorien und Modelle, die heute diskutiert werden, ihren Ursprung bei den griechischen Naturphilosophen. Das gilt besonders für mathematische und astronomische Erkenntnisse, die der modernen Wissenschaft das Fundament bereitet haben, aber auch für politische Ideen. Als mit den drei klassischen Philosophen – Sokrates, Platon und Aristoteles – der Mensch in den Mittelpunkt des Interesses rückt, geht es um dessen Platz in der Gesellschaft, um moralisches Handeln und die Frage einer gerechten Regierung. Die Herrschaft des Volkes findet in der griechischen Demokratie zum ersten Mal in der Geschichte der Menschheit seine Verwirklichung.

Von den ersten freien Gedanken des Menschen bis zur antiken Philosophie muss es ein weiter Weg gewesen sein. Doch er ist noch nicht zu Ende.

Von der Pflege des Gartens zur Vermessung der Welt

Die Wege der antiken Philosophie führen aus Griechenland heraus ins Römische Reich, das am Beginn unserer Zeitrechnung den gesamten Mittelmeerraum beherrscht, und von dort ins christliche Mittelalter, wo sie ihre einstige Selbständigkeit einbüßt.

Als die Akademie Platons in Athen im Jahre 529 geschlossen wird, ist das Christentum längst Staatsreligion und erhebt den Anspruch, die erste Quelle für die Erklärung der Wirklichkeit zu sein. Jetzt verbindet sich die griechische Philosophie mit dem christlichen Glauben und dem römischen Staatswesen – es sind die drei Säulen, auf denen das europäische Abendland entsteht.[7] In dieser Hinsicht markiert das Jahr 529 das Ende der Antike und den Beginn des Mittelalters. Für die Philosophie bedeutet es eine Rückkehr in die Obhut der Religion, aus der sie sich einst gelöst hat.

Die Epoche des Mittelalters ist meist negativ belegt. Schnell ist die Rede von einem finsteren und rückständigen Zeitalter. Dies mag aus heutiger Sicht manchmal so scheinen, weniger aber für die Menschen der damaligen Zeit. Ihr Leben war fest eingebunden in eine gesellschaftliche Ordnung, die zwar wenig Spielraum für den Einzelnen übrig ließ, dafür aber auch wenig Eigeninitiative verlangte: Die soziale Schicht, der Beruf, die Religion und der Lebensstandard

---

[7] Benedikt dazu: *„Die Kultur Europas ist aus der Begegnung von Jerusalem, Athen und Rom – aus der Begegnung zwischen dem Gottesglauben Israels, der philosophischen Vernunft der Griechen und dem Rechtsdenken Roms entstanden. Diese dreifache Begegnung bildet die innere Identität Europas."* (BT V,14-15).

standen praktisch fest, der Lebensweg war vorgezeichnet und er wurde auch als „gottgegeben" hingenommen. Das schloss nicht aus, mit seinem Schicksal zu hadern.

Was dem Einzelnen in damaliger Zeit als Herausforderung blieb, war, sich an dem Platz in der Welt, an den man gesetzt war, zu bewähren. Als Vorbild galt dabei jener Heilige, auf dessen Namen man getauft war. Nur insofern waren die Menschen des Mittelalters ihres Glückes Schmied. Einen beruflichen, sozialen oder finanziellen Aufstieg gab es ebenso wenig, wie es für die Gesellschaft als Ganzes so etwas wie Fortschritt oder Modernisierung gegeben hatte. So wie der Einzelne seinen Platz in der Gesellschaft hatte, so hatten die Menschen auf der Erde ihren Platz und ihre Aufgabe. Noch waren sie dabei, den Garten Gottes zu bewohnen und zu verwalten, doch schon bald sollten sie sich daran machen, ihn zu erforschen und zu vermessen.

Die Pflege des Wissens lag – wie schon angedeutet – in den Händen der Theologie, der Kirchenväter und der Gelehrten, die sich zuerst in Klöstern, ab dem elften Jahrhundert auch an den neu gegründeten Universitäten fanden. Mit zunehmendem Handel wuchs der Reichtum der Städte und die Naturwissenschaften begannen langsam aufzublühen.
Schon im 8. Jahrhundert, als der Islam nach Spanien vordringt, finden die Schriften der griechischen Philosophen wieder nach Europa, aus der arabischen Welt, aus Indien und China gelangen wichtige Erfindungen auf den Kontinent: Papier, Schießpulver – und der Kompass. Mit seiner Verwendung in der Seefahrt bricht in Europa das Zeitalter der Entdeckungen an. Es ist der Beginn einer Epoche, die erst im 20. Jahrhundert ihren Abschluss findet.
Zunächst geht es nach Asien: Im Jahre 1271 gelangt der Venezianer Marco Polo nach Peking. Der Missionar Odorico di Pordonone folgt ihm und dringt rund fünfzig Jahre später bis nach Tibet vor. Er ist der erste, der von dort über die Hauptstadt Lhasa berichtet. Auf den afrikanischen Kontinent führt es den arabischen Geographen Ibn Battuta. Dieser durchquert 1352 die östliche Sahara und erreicht den Sudan, während zur gleichen Zeit an der Westküste Afrikas portugiesische Seefahrer an Land gehen. Im Jahre 1469 entdeckt Vasco da Gama auch den Seeweg nach Indien, den man seit Langem gesucht hatte: Von Portugal aus segelt er an der afrikanischen Küste entlang und passiert im Süden das Kap der Guten Hoffnung. Ab dann geht es wieder nach Norden und da Gama erreicht nach einer langen Fahrt schließlich den Osten Indiens.
Die Umsegelung Afrikas bedeutete eine lange und beschwerliche Reise. Gut zwanzig Jahre nach Entdeckung der östlichen Route versucht ein spanischer Seefahrer, einen westwärtigen Seeweg nach Indien zu finden. Sein Name ist Christopher Columbus. Jahrelang hatte er sich vergeblich bemüht, europäische Fürsten für seinen Plan zu begeistern. Am Ende konnte er doch noch die

Unterstützung Spaniens gewinnen. Im Jahre 1492 überquert Columbus den Atlantik, doch die Überfahrt führt ihn nicht nach Indien, wie er zeitlebens glaubt. Stattdessen landet er auf Kuba und Haiti. In den folgenden Jahren werden er und Amerigo Vespucci auch auf das amerikanische Festland stoßen. In Europa wird wenig später von der „Neuen Welt" gesprochen werden.

Nach der Stille des Mittelalters herrscht Aufbruchsstimmung. Die bekannten Erdteile werden durchdrungen, ein neuer Kontinent wird entdeckt. Damit wird vor allem eines deutlich: Die Entdeckung und Vermessung der Welt geschieht nun wieder von Europa aus. Die Neuzeit ist angebrochen.

Der Blick über den Horizont

Seit dem 15. Jahrhundert sind die weißen Flecken auf der Landkarte der Erde immer schneller verschwunden. Um 1950 ist die Oberfläche unseres Planeten bis ins Detail kartographiert. Gut ein halbes Jahrhundert, nachdem Flugzeuge die Lüfte erobert haben, fällt nun der Startschuss für die Raumfahrt. Von den Weiten des Alls sind freilich nur die allernächsten Bereiche direkt erforschbar. Der Mensch schafft es mit großem Aufwand auf den irdischen Mond, seine Sonden haben gerade erst das Sonnensystem verlassen.

Wesentlich älter ist der Blick in den Sternenhimmel. Im Orient waren es Ägypter und Babylonier, im fernen Osten Inder und Chinesen, die ihren Kalender am Lauf der Gestirne orientiert haben. Sternwarten und Beobachtungsanlagen finden sich auch in Mexiko und Guatemala. Die griechischen Naturphilosophen sind es schließlich, deren Gedanken die Grundlage der europäischen Wissenschaften bilden. Das Erbe der alten Kulturen lebt heute in den Planeten und Sternbildern weiter, denen die Menschen mitunter die Namen von Göttern und Sagengestalten gegeben hatten.

Bis ins ausgehende Mittelalter galt die Erde als selbstverständlicher Mittelpunkt der Welt. Als sich die Möglichkeiten der Beobachtung mit den aufkommenden Naturwissenschaften verbessert hatten und die ersten Fernrohre gebaut wurden, konnte diese Behauptung nicht mehr aufrechterhalten werden. Bald wurde die Sonne zum neuen Mittelpunkt, und die Umlaufbahn der Erde galt als Maßstab für große Entfernungen: Ihr Halbdurchmesser, knapp 150 Millionen Kilometer lang, wird als Astronomischen Einheit bezeichnet. Mit den verbesserten Teleskopen gelang es mit der Zeit, auch die fernen Planeten des Sonnensystems zu entdecken. Der letzte, Pluto, konnte sich allerdings bis 1930 vor den Astronomen verstecken, sein Mond Charon erst 1978 aufgespürt werden.[8]

Die Entfernungen der Planeten konnten schon früh von der Erde aus vermessen werden. Weil sich nach dem Satz des Pythagoras ein Dreieck schon aus zwei Winkeln und einer Seitenlänge berechnen ließ, genügte es, zwei Teleskope von verschiedenen Stellen aus auf den Himmelkörper auszurichten, und den Abstand zwischen den Fernrohren zu vermessen. Für die Entfernung anderer Sterne reichte diese Methode nicht mehr aus. Dazu war es schon nötig, den Durchmesser der Umlaufbahn der Erde um die Sonne als Seitenlänge zu betrachten und die Teleskope an deren Enden, also zu verschiedenen Jahreszeiten auf den Himmelskörper zu richten. Dem Astronomen Friedrich Wilhelm Bessel gelang es 1838 auf diese Weise, die Entfernung des erdnächsten Sterns *Alpha-Centauri* zu ermitteln. Sie beträgt etwa 40 Trillionen Kilometer, eine Zahl mit insgesamt dreizehn Nullen. Selbst das Licht benötigt mehr als vier Jahre für eine Reise dorthin.

Der amerikanische Astronom Edwin Hubble begann 1924, eine Reihe von Milchstraßensystemen auf ihr Lichtspektrum hin zu untersuchen. Obgleich sich das Licht stets mit gleicher Geschwindigkeit ausbreitet, so macht es doch einen Unterschied, ob sich ein leuchtendes Objekt auf einen Beobachter zu- oder von ihm wegbewegt. Die Wellen verdichten oder strecken sich in ähnlicher Weise, wie man es vom Doppler-Effekt bei den Schallwellen kennt. Das Licht eines näherkommenden Sterns wird dadurch kurzwelliger, ein wegdriftendes Objekt leuchtet etwas rötlicher, weshalb man auch von einer Rotverschiebung spricht.
Hubble, der die Entfernungen der Galaxien ungefähr kannte, stellte schließlich fest, dass sich die untersuchten Sternenhaufen allesamt auseinanderbewegten, und zwar umso schneller, je weiter sie bereits entfernt waren. Eine überraschende Entdeckung, wenn man bedenkt, dass das Weltall seit jeher als ein endliches und weitgehend stabiles Gebilde gegolten hatte. Entsprechend groß waren die Vorbehalte gegenüber Hubbles Feststellungen. Heute gilt die Expansion des Weltraums als einer der am besten gesicherten Vorgänge im All.

Die Feststellung, dass sich die Galaxien gegenwärtig auseinanderbewegen, bedeutet umgekehrt, dass diese früher näher zusammengestanden haben müssen. Je weiter man zurückblickt, umso dichter müsste das Universum gedrängt gewesen sein, und umso höher wäre dadurch auch seine Temperatur gewesen. Geht man von einer gleichbleibenden Expansionsgeschwindigkeit aus, dann kann man in etwa bis zu jenem Zeitpunkt zurückrechnen, zu dem die

---

[8] Der Pluto wurde 2006 zum Kleinplaneten abgestuft, weil mittlerweile viele ähnlich große Objekte entdeckt worden sind.

Ausdehnung des Weltraums ihren Ausgang genommen haben dürfte. Erst Ende der 1990er Jahre wurden sich die Astronomen einig, wann dies etwa der Fall gewesen sein muss: Vor etwa 15 Milliarden Jahren – so alt ist unser Universum seither – hat die Ausdehnung des Weltalls begonnen.

Der Ursprung unserer Welt liegt demnach in einem unvorstellbar heißen und dichten Haufen von Materie, der – ähnlich einem schwarzen Loch – nur eine punktförmige Ausdehnung hatte. In explosionsartiger Weise hat sich dann das Weltall entfaltet, bis es auf seine heutige Größe angewachsen ist. Fred Hoyle, der seinerzeit an der Universität Cambridge tätig war, gab dem Ereignis einen Namen, der sich bis heute gehalten hat: *Big Bang* – großer Knall, Urknall. Aus seiner Energie stammt alles, was heute durchs Weltall strebt.

... was die Welt im Innersten zusammenhält

Schon die griechischen Naturphilosophen haben zu ergründen versucht, woraus die Welt zusammengesetzt ist: Atome, Elemente, Urstoffe oder Urprinzipien – praktisch alles irgendwie Denkbare war in der Diskussion. Was fehlte, waren die Belege.

Zuerst schienen die Vertreter der Elemente-Theorie recht zu behalten: Ab dem 17. Jahrhundert war man daran, die chemischen Elemente als die kleinsten Bauteile der Dinge zu entdecken. Freilich waren es nicht nur Feuer, Wasser, Luft und Erde, wie bei den Griechen angenommen wurde, und auch deren mystisch-religiöse Eigenschaften wurden in der Neuzeit verworfen. Stattdessen fand sich eine ganze Reihe verschiedener Elemente, die bis ins 20. Jahrhundert entdeckt und außerdem künstlich erzeugt wurden.

Das Blatt wendete sich, als man zu ergründen begann, woraus sich nun die chemischen Elemente selbst zusammensetzen. Verschiedene Versuche mit Gasen und Elektrizität hatten im 19. Jahrhundert den Fluss von Strom mit zwei gegensätzlichen Teilchen in Verbindung gebracht, den negativ geladenen Elektronen und den positiv geladenen Protonen. – Waren diese beiden also die gegensätzlichen Urstoffe, aus denen sich ein Atom zusammensetzt, jenes letzte unteilbare Teilchen, das schon Leukipp und Demokrit im 5. Jahrhundert vor Christus vermuteten?

Fast. Erst im 20. Jahrhundert führten weitere Versuche von Rutherford und Chadwick zu einer genaueren Vorstellung eines Atoms: Es sollte einen Kern haben, eine Hülle aus Elektronen und dazwischen – nichts.

Das Atommodell wirkt auf den ersten Blick sympathisch: Elektronen kreisen wie kleine Kugeln um einen massereichen Kern, gerade wie die Planeten sich um die

Sonne bewegen. Das Rätsel der Materie schien auf gut verständliche Weise gelöst. Auch wenn man die Bauteile des Atoms wegen ihrer Winzigkeit nicht mehr sehen konnte: Das Modell konnte noch eine gewisse Ahnung vermitteln.

Um noch eine Stufe tiefer in den Aufbau der Materie vorzudringen, brauchte es einen neuen Plan. Obwohl man längst kein Werkzeug mehr hatte, um sie zu zerteilen oder ein Mikroskop, um dabei zuzusehen, gelang es doch, die Bausteine des Atoms noch weiter auseinanderzunehmen. In riesigen Anlagen – Teilchenbeschleuniger genannt – wurden die winzigen Partikel in kilometerlangen Röhren auf nahezu Lichtgeschwindigkeit beschleunigt und zur Kollision gebracht. Aus den Trümmern, die sich dabei gezeigt haben, hat man weitere, noch kleinere Bausteine ermittelt. Darunter befinden sich die sog. Quarks, aus denen sich der Kern eines Atoms zusammensetzt, sowie eine Vielzahl anderer Teilchen, deren Eigenschaften nur mehr für Physiker halbwegs verständlich sind.

Was immer die haushohen Messgeräte am Ende anzeigen, sichtbar und greifbar sind die Ergebnisse längst nicht mehr. Was wirklich „die Welt im Innersten zusammenhält" liegt jenseits menschlicher Vorstellungskraft.

Weltformel und Welterklärung

Die Mikro- und Makrostrukturen des Kosmos, die Erforschung der größten wie der kleinsten Strukturen der Welt sind keine getrennten Bereiche. Sie haben in der Forschung häufig miteinander zu tun: Ohne die Atomphysik könnten die Entstehung eines Sterns, die Energieumwandlung in ihm oder sein Lebenszyklus nicht erklärt werden. Die entferntesten Raumsonden würde wenig Erkenntnisse und am Ende auch keine beeindruckenden Bilder liefern, wenn ihre Mess- und Kommunikationstechnik nicht mit äußerster Präzision arbeiten würde. So gehört es zu den grundlegendsten Annahmen der Naturwissenschaft, dass die Gesetze der Natur im Großen wie im Kleinen gelten, und zwar hier auf der Erde genauso wie in Galaxien, die Milliarden Lichtjahre von uns entfernt sind. Alle bisherigen Erkenntnisse sprechen dafür, dass im gesamten Kosmos universale Gesetzmäßigkeiten gelten. Wie diese Prinzipien allerdings aussehen, hat sich im Laufe der Zeit gewandelt.

Im 17. Jahrhundert entwarf Isaac Newton, der Entdecker der Schwerkraft, die Vorstellung vom Universum als einer ungeheuer großen Maschine, die allein nach dem Prinzip von Ursache und Wirkung – also: *kausal* – funktioniert, ähnlich einem riesigen Uhrwerk, dessen Ablauf streng festgelegt ist. In seinem mechanischen Weltbild gab es – anstelle der Zeiger, Federn und Gewichte – viele kleine Teilchen als Bausteine und dazu die Kräfte, die zwischen ihnen wirkten. Wenn das Modell wirklich eine umfassende Beschreibung der Welt liefern sollte, dann musste es natürlich auf alle beobachtbaren Gegenstände und Erscheinungen passen: auf feste Stoffe, Flüssigkeiten oder Gase ebenso wie auf das Licht. Eine echte universale Erklärung durfte keine Lücken und Rätsel mehr aufweisen. So versuchte Newton alles Beobachtbare in seine Teilchentheorie zu integrieren. Selbst das Licht wurde als ein „Strahl" aus winzig kleinen verschiedenfarbigen Körperchen – den Licht-Korpuskeln – aufgefasst.[9]

Newtons Modell vom „Welt-Uhrwerk" war bis zum Anfang des 20. Jahrhunderts weit verbreitet. Sein Vorteil war, dass das Universum im Prinzip durchschaubar und erklärbar wurde. Der Mathematiker Pierre-Simon Laplace hat dies mit einem Gedankenspiel verdeutlicht. Er entwirft hierfür die Vorstellung von einem intelligenten Wesen, das einen Einblick in alle Gegebenheiten und Abläufe der Natur hat, und das seither als *Laplace'scher Dämon* bekannt ist. 1814 beschreibt er dessen Fähigkeiten in einem Aufsatz:

„Eine Intelligenz, die in einem gegebenen Augenblick alle Kräfte kennt, mit denen die Welt begabt ist, und die gegenwärtige Lage der Gebilde, die sie zusammensetzen, und die überdies umfassend genug wäre, diese Kenntnisse der Analyse zu unterwerfen, würde in der gleichen Formel die Bewegungen der größten Himmelskörper und die des leichtesten Atoms einbegreifen. Nichts wäre für sie ungewiß; Zukunft und Vergangenheit lägen klar vor ihren Augen."[10]

Wenn die Welt also ähnlich abläuft wie ein Uhrwerk, dann kann jemand, der sämtliche Bestandteile und Kräfte des riesigen Werks kennt, tatsächlich in Vergangenheit und Zukunft blicken. Ein *Laplace'scher Dämon* könnte dann berechnen, wann welches Rädchen und welcher Zeiger wie gestanden haben und auch, wie sie eines fernen Tages stehen werden. Wenn alle Abläufe streng festgelegt – also: *determiniert* – sind, ist der Lauf der Dinge, somit der Ablauf der Welt im Prinzip erklärbar.

Erst im 20. Jahrhundert ist das Newton'sche Modell in den Hintergrund gerückt. Zwar passen seine Beschreibung und Vorhersagen nach wie vor für viele Beobachtungen, doch es stößt mit seinen Erklärungen immer häufiger an Grenzen. Schon bei elektromagnetischen Wellen wird es schwierig, und erst recht beim Blick ins Innere eines Atoms. Immer häufiger sprechen die Physiker nicht mehr von Teilchen, die beobachtbar seien, sondern von Feldern und Ladungen, die man misst. Im Inneren der Materie wird auch der strenge Determinismus fraglich. Ob und wann beispielsweise ein Atom zerfällt, lässt

---

[9] Vgl. Einstein/Infeld, 1991, 110-113.
[10] Zit. n. Höfling, 1973, 387.

sich nicht kausal vorhersagen, sondern nur mehr mit einer Wahrscheinlichkeit annehmen. Wer dann einen Einblick in die kleinsten Strukturen nimmt, der nimmt damit einen Eingriff vor, der zugleich das Ergebnis selbst verändert. Schließlich geraten mit Einsteins Relativitätstheorie auch Raum und Zeit als unveränderliche physikalische Größen ins Wanken.

Die moderne Physik des 20. Jahrhunderts hat zwar das mechanische Uhrwerks-Universum Newtons von der Bühne gedrängt, aber noch keinen passenden Ersatz geliefert. Denn es ist bislang nicht gelungen, für alle Ereignisse und Erscheinungen eine einheitliche physikalische Beschreibung zu finden, eine Formel, die auf alle Bereiche anwendbar wäre: Auf die Abläufe im atomaren Bereich ebenso wie auf die Bahnen der Planeten um die Sonne, auf die Schwerkraft ebenso wie auf die Bewegung der Galaxien. Die „große einheitliche Theorie", nach der viele Physiker suchen, steht seit Jahrzehnten aus. Abhilfe sollten seit Langem die so genannten *Strings* liefern. Bei dem vermuteten „Superteilchen" soll es sich um eine Art Band handeln, das wie die Saite eines Instruments schwingt, und das nun – vereinfacht gesagt – eine Art Urteilchen darstellt, aus dem alle anderen hervorgehen. Bislang aber konnten sich diese jeglichem Nachweis entziehen. Allein ihre Größe – 10^{32} Millimeter – sorgt dafür, dass auch die gigantischsten Beschleuniger sie nie zu Gesicht bekommen würden. Damit es außerdem in die mathematischen Gleichungen passt, muss ein String entweder 10 oder 26 Dimensionen aufweisen. Wie sollen sich diese in unserer Welt mit gerade drei räumlichen Dimensionen erforschen lassen?

Die Suche nach der Weltformel scheint derzeit eher auf dem Gebiet der Mathematik als im Rahmen der experimentellen Physik zu verlaufen. Ein Ergebnis – vielleicht so bahnbrechend wie die Relativitätstheorie – ist derzeit noch nicht absehbar. Viele Physiker sind jedoch optimistisch, dass sie eines Tages den entscheidenden Schritt bei der weiteren Erforschung der Welt tun werden. Denn sie haben den Anspruch, mehr noch als Newton, die gesamte Wirklichkeit erklären zu können. David Lewis hat es einst treffend formuliert:

„Die Welt ist so, wie uns die Physik das sagt,
und mehr gibt es nicht zu sagen. "[11]

---

[11] Lewis, 1983, 361: „*The world is as physics say it is, and there's no more to say".*

III. Wissenschaft: Von Abenteuern und Irrfahrten

Abseits der Grundlagenforschung, die gerade kurz in den Fokus gerückt ist, haben sich die seit Anbruch der Neuzeit florierenden Wissenschaften für die meisten Menschen auf ganz anderen Gebieten bemerkbar gemacht, in der Arbeit wie im täglichen Leben.

Die Früchte der Forschung

Noch zu Beginn des 17. Jahrhunderts, als etwa die Hälfte der Erdoberfläche bekannt war, waren es Mühlen, die – durch Wind oder Wasser getrieben – die menschliche Arbeit erleichterten. Erst hundert Jahre später gingen die ersten Dampfmaschinen in Betrieb. 1769 gelang dem englischen Erfinder James Watt schließlich der Durchbruch. Er erhielt das Patent für seine wesentlich verbesserte Dampfmaschine, die von nun an allerorts eingesetzt wurde: In der englischen Textilindustrie, als Schiffsantrieb oder als Motor für verschiedene andere Maschinen. Das industrielle Zeitalter war nun angebrochen.
Mit Hilfe der neuen Erfindungen konnten Dinge des täglichen Bedarfs schneller und billiger hergestellt werden, weit entfernte Orte waren nun schnell und bequem erreichbar. Die erste Eisenbahn nahm 1830 ihren Betrieb auf, acht Jahre später überquerte der erste Dampfer den Atlantik. Ebenfalls in der ersten Hälfte des 19. Jahrhunderts wurde der Elektromotor entwickelt. Zum Durchbruch gelangte er jedoch erst im Jahre 1867, als Werner von Siemens und Sir Charles Wheatstone das dynamo-elektrische Prinzip entdeckten. Zehn Jahre später entwickelte Alexander Graham Bell das erste brauchbare Telefon, nachdem Samuel Morse schon 1837 einen Schreibtelegraph vorgestellt hatte, der ein – später nach ihm benanntes – Alphabet aus Signalen benutzte.
Im letzten Viertel des 19. Jahrhunderts scheinen die Erfindungen noch deutlicher auf unsere Zeit zu verweisen: Eisenbahnen werden elektrifiziert, das Automobil entwickelt. Nachdem Nikolaus Otto 1876 den nach ihm benannten Benzinmotor erfunden hatte, konstruierten Gottlieb Daimler und Carl Friedrich Benz zunächst Zwei- und Dreiräder, bevor elf Jahre später der erste Kraftwagen mit vier Rädern gebaut wurde. 1897 folgt Rudolf Diesel mit der Entwicklung eines eigenen Motors.

Die Erfindungen und Fortschritte, die das 19. Jahrhundert gebracht hatte, waren nicht auf Maschinen und Kommunikation begrenzt. In der Verarbeitung von Metall wurden neue Verfahren gefunden, die entstehende chemische Industrie produzierte Farben und Düngemittel. Zahlreiche Entdeckungen verbesserten die Behandlung von Krankheiten. Neue Stoffe und Verfahren eroberten die Welt, und im Jahre 1876 gelang es dem Ingenieur Carl von Linde, die erste Kältemaschine zu bauen. Auch die bisherigen Grenzen des Raumes wurden durchbrochen: Die ersten Unterseebote wurden erfolgreich getestet, Otto Lilienthal hatte 1891 seinen ersten Segelflug, und am Ende des 19. Jahrhunderts stand auch die erste Funkverbindung.

Durch die industrielle Entwicklung der vergangenen Jahrhunderte hat sich auch das Lebensumfeld der Menschen verändert: Große Städte mit immer höheren Bauwerken sind entstanden, Staat und Wirtschaft waren schon bald auf eine effiziente Verwaltung angewiesen. Die neuen Fabriken benötigten Arbeiter, die für ihre Tätigkeit geschult waren, und Elektrizität zum Antrieb der Maschinen. Die Welt war im Umbruch. Im 20. Jahrhundert sollte der Durchbruch erfolgen.
Das Automobil, das zu Beginn des Jahrhunderts noch eher eine Kuriosität darstellte, trat seinen Siegeszug über den gesamten Planeten an. Die Straßennetze reichen bis in die entferntesten Winkel, die Fahrzeuge selbst haben einen früher undenkbaren Komfort erreicht. Nach dem ersten Motorflug der Gebrüder Wright von 1903 dauerte es nicht lange, bis Flugzeuge und Zeppeline die Lüfte eroberten, gefolgt von bemannten Raketen und Raumsonden. Im letzten Drittel des 20. Jahrhunderts gelang die erste Landung auf dem Erdtrabanten, mehrere Planeten wurden von Raumsonden besucht. Mit *Voyager 1* hat 2012 zum ersten Mal ein vom Menschen gefertigtes Objekt das Sonnensystem verlassen.

Bahnbrechende Entdeckungen haben im medizinischen Bereich die Erfolge des 19. Jahrhunderts fortgesetzt. Zahlreiche Krankheitserreger wurden entdeckt und schließlich mittels Antibiotika oder Impfstoffen bekämpft. Operationen waren bald in allen Körperbereichen möglich, Bluttransfusionen und Organtransplantationen sind zur Routine geworden. Mit komplizierten Apparaturen werden Fehlfunktionen diagnostiziert und behandelt. Krankheiten sind insgesamt erträglicher geworden, weil sie sich deutlich lindern oder gar heilen lassen. Gentechnische Verfahren sollen in Zukunft weitere Fortschritte ermöglichen.

Am deutlichsten zeigt sich der wissenschaftlichen Fortschritt im steigenden Wohlstand der Menschen, wie er in der westlichen Welt Einzug gehalten hat. Er beruht nicht zuletzt auf einer immer günstigeren Produktion verschiedener Artikel des täglichen Bedarfs und darüber hinaus. Landwirtschaft und Industrie haben in den vergangenen hundert Jahren und erst recht im historischen Vergleich mit immer weniger Aufwand stetig wachsende Ansprüche der Verbraucher erfüllt und bisweilen überfüllt. Hunger und Armut sind aus vielen Regionen der Welt erfolgreich vertrieben worden. Existenzielle Sorgen lassen sich teils mit staatlicher Unterstützung absichern. An ihre Stelle ist ein ausgeprägtes Freizeitbewusstsein getreten, mit Angeboten, die von medialer Unterhaltung bis zur Fernreise reichen und kaum Wünsche offen lassen.

Längst hat sich der Fortschritt, wenn auch zuweilen zögerlich, von den westlichen Gesellschaften auf den gesamten Planeten ausgedehnt, der sich spätestens mit der Verbreitung von Internet und Telekommunikation zum „globalen Dorf" zu wandeln beginnt, wenngleich die anfängliche Euphorie der Entwicklung verflogen ist. Unbestritten ist jedenfalls das Ziel, dass sich eines Tages Wohlstand und Menschenrechte weltweit durchsetzen sollen, und unbestritten ist auch, dass diese Entwicklung ohne die wissenschaftlichen Erfolge und technischen Fortschritte der vergangenen Jahrhunderte nicht möglich gewesen wäre. Jeder geschichtliche Rückblick lässt diese Schlussfolgerung als völlig unzweifelhaft erscheinen.
Und selbst dort, wo der Fortschritt in die Kritik geraten ist und negative Folgen unübersehbar sind, erhofft man sich die Lösung der Probleme in einer veränderten Technologie und anderen Verfahren, nicht aber in einer Rückkehr ins 19. Jahrhundert.

Neben der Erkenntnis über den Aufbau unserer Welt sind die Früchte der modernen Forschung im Alltag die wichtigsten Errungenschaften des wissenschaftlichen Denkens. Dieses Denken beginnt in grauer Vorzeit bei den ersten Fertigkeiten des frühen Menschen und führt über die naturphilosophischen Ansätze der griechischen Vorsokratiker bis ins europäische Zeitalter der Entdeckungen und Erfindungen, und von dort seit der Epoche der Aufklärung bis in die Gegenwart. So ist das Vertrauen nur gerecht und auch verständlich, das die Menschen seither in die modernen Wissenschaften haben.

Diese positive Sicht hat auch Benedikt XVI. in seiner Vorlesung zum Verhältnis von Wissenschaft und Religion betont:

"[3]Das Große der modernen Geistesentwicklung wird ungeschmälert anerkannt: [4]Wir alle sind dankbar für die großen Möglichkeiten, die sie dem Menschen erschlossen hat und für die Fortschritte an Menschlichkeit, die uns geschenkt wurden."[12]

Der Vortrag fand im Rahmen des zweiten Besuchs in Deutschland am 12. September 2006 an der Universität Regensburg statt, an der er als Joseph Ratzinger von 1969 bis 1977 als Hochschulprofessor gewirkt hatte, bevor er schließlich zum Erzbischof von München und Freising berufen wurde.[13]

---

[12] RR VII,3-4.
[13] Nach Kardinal Müller war es, wie er in einer Rede zum zehnten Jahrestag der Regensburger Rede feststellte, ein *„geistesgeschichtlicher Kairos, dass ein Gelehrter von Weltruf auf dem Lehrstuhl des*

25

Die *Regensburger Rede* wurde wegen eines fehlinterpretierten Zitats in eine unbeabsichtigte politische Richtung gerückt[14], doch ihr eigentliches Augenmerk galt einem Wissenschaftsverständnis, wie es sich im Zuge der letzten Jahrhunderte herausgebildet hat, und wie es heute praktisch zur offiziellen Lehrmeinung geworden ist. Es geht um die bitteren Früchte der Wissenschaft.

Aufbruch und Aufklärung

Wissenschaft im eigentlichen Wortsinn heißt: Wissen schaffen, auf welche Weise auch immer. Gemeint ist freilich neues Wissen, das dann zu einem besseren Verständnis der Wirklichkeit führt. *Auf*klärung *über* die Welt beinhaltet somit immer auch eine neue *Er*klärung eben dieser. Mitunter kann sich sogar ein neues Weltbild daraus ergeben.

Wenngleich der Begriff der Aufklärung auch im politischen Leben, ja gelegentlich auch im Alltag auftaucht, so hat er seine historische Bedeutung doch im Zusammenhang mit einer Epoche erhalten, in der das moderne Europa eine bedeutende geistesgeschichtliche Entwicklung durchlaufen hat. An ihrem Ende stehen der Sieg des wissenschaftlichen Weltbilds und die allmähliche politische und gesellschaftliche Selbstständigkeit des Individuums.

Die Wiege der europäischen Aufklärung befindet sich im antiken Griechenland. Schon die frühen Naturphilosophen haben diese Entwicklung mit dem Versuch angestoßen, das mythische Weltbild ihrer Zeit durch ein scheinbar vernünftigeres zu ersetzen, das ohne übersinnliche Erklärungen auskam. Die Spekulationen über den Aufbau des Kosmos waren zwar nicht beweisbar, aber als Modell zumindest einleuchtend, ja wissenschaftlich. Das konnte man von den Göttergeschichten nicht gerade behaupten, die eher vom Menschen erdichtet schienen. So wurde die Kritik an der Religion zu einem Merkmal der griechischen Naturphilosophie, der besonders die Gruppe der Sophisten mit rhetorischem Geschick nachging. Von ihrer Skepsis wird später die Rede sein.

In der Griechischen Klassik rückt der Mensch in den Mittelpunkt des Denkens. Besonders Sokrates, dem ersten Philosophen dieser Phase, war an einer grundlegenden Aufklärung des Menschen gelegen, weshalb er einen neuen Weg

---

Papstes noch einmal auf den Lehrstuhl des Universitätsprofessors zurückkehrte" (Benedikt XVI., 2017, 42). Dem sei hinzugefügt, dass ein weiterer *Kairos* – im Sinne eines glücklichen Umstands – darin liegt, mit Benedikt einem theologisch und philosophisch derart herausragenden Pontifex in der eigenen Muttersprache folgen zu dürfen.
[14] Konzipiert war die Rede jedoch als „*'Manifest des Dialogs der Religionen und Kulturen' auf der Grundlage der Vernunft"* (ebd., 48-49).

gegangen ist. Anstatt seine Schüler mit Wissen zu versorgen und ihnen fertige Antworten vorzugeben, hat er versucht, sie in langen Gesprächen selbst zur Erkenntnis finden zu lassen. Sein Beitrag beschränkte sich dabei auf die Unterstützung durch kritische Fragen und Einwände. Seine Rolle lässt sich mit der einer Hebamme vergleichen, die Hilfestellung bei Geburt geben kann, aber das Kind nicht selbst auf die Welt bringt. Diese Methode wird daher oft als Hebammenkunst *(Mäeutik)* bezeichnet. Am Ende des Weges sollte die Selbst-Aufklärung des Menschen stehen.

Von daher ist es nicht verwunderlich, dass auch die ersten Ansätze eines demokratischen Staatswesens in der griechischen Antike zu finden sind. Aufgeklärte Bürger sind auch in der Lage, politische Verantwortung zu übernehmen.

Von den griechischen Ursprüngen bis zur europäischen Epoche der Aufklärung vergehen etwa zweitausend Jahre. Ihr Beginn wird meist auf die Mitte des 17. Jahrhunderts datiert.

Wie in der Antike geraten auch jetzt das Weltbild, das Selbstverständnis des Menschen und seine politischen und persönlichen Rechte in den Fokus. Während sich die Naturwissenschaften um die Erforschung von Erde und Weltall bemühen, setzt die Philosophie zunehmend auf die Vernunft als Maßstab für Erkenntnis.

Für das Zusammenleben in der Gesellschaft entstand die Vision eines demokratischen Staates, in dem sich Bürger unterschiedlicher Ansichten friedlich und in Freiheit verwirklichen können. Die Vertreter der Aufklärung forderten religiöse Toleranz, politische Freiheiten, Gewaltenteilung und unveräußerliche Menschenrechte. Ihre Umsetzung sollte den *„Ausgang des Menschen aus seiner selbstverschuldeten Unmündigkeit"*, wie Kant es formulierte[15], ermöglichen. Während aber die Wissenschaft mit ihrem Fortschritt bis in die entferntesten Winkel der Erde – ja selbst des Sonnensystems – gedrungen ist, hat die Aufklärung ihren Weg selbst in ihren Ursprungsländern nur mühsam gefunden und ist weltweit noch keineswegs an ihr Ziel gelangt.

Für heutige Zeitgenossen haben die Aufklärung und das mit ihr gekommene Weltbild vorwiegend positive Seiten – wegen des damit verbundenen Fortschritts und Wohlstands einerseits, und wegen der Beherrschbarkeit und Verständlichkeit der Welt andererseits. Wenn etwa ein heftiges Unwetter zu erwarten ist, kann man sich auf die Prognosen des Wetterdienstes verlassen und entsprechend vorsorgen. Es erscheint heute gänzlich unvorstellbar, Blitz und Donner als Zeichen für göttlichen Unmut oder als hereinbrechendes Strafgericht zu deuten,

---

[15] Immanuel Kant: *Beantwortung der Frage: Was ist Aufklärung?* (Berlinische Monatsschrift vom Dezember 1784).

wie es in früheren Zeiten der Fall war. Die Meteorologie hat hier religiöse und mythische Erklärungen abgelöst.

Andererseits aber bedeutet die wissenschaftliche Erklärung der Welt, dass diese dabei ein Stück weit entzaubert wird. Was einst der geheimnisvolle Inhalt von Sagen oder frommen Erzählungen war, erscheint heute als erklärbares Ereignis und verliert damit seinen Reiz. Kinder, die jahrelang an übersinnliche Erscheinungen und wundersame Ereignisse geglaubt haben – Nikolaus, Christkind oder Zahnfee – werden mit Trauer und Ernüchterung reagieren, wenn sie plötzlich ihre Eltern hinter dem Geschehen vermuten. Am Ende heißt es freilich, die Wahrheit zu akzeptieren, weil sie eines Tages ja doch ans Licht kommen muss und weil ein mündiges Leben ein gewisses Maß an Aufgeklärtheit voraussetzt.

Aufklärung und Enttäuschung

Die Befreiung des kindlichen Denkens aus seinem Weltbild kommt einer Vertreibung aus dem Paradies gleich. Aus dem Alltag der Erwachsenen sind Zauber und Wunder weitgehend verschwunden und allenfalls noch in religiösen Zusammenhängen zu finden.

Eine ganz ähnliche Vertreibung hat in den letzten Jahrhunderten im Zuge der wissenschaftlichen Revolution stattgefunden. Vieles, was bislang das Selbstverständnis des Menschen ausgemacht hatte, ist unter dem Vorzeichen der Aufklärung und des Fortschritts aus dem modernen Weltbild verbannt worden.

Sigmund Freud, der Vater der Psychoanalyse, hat schon 1917 betont, *„daß der allgemeine Narzißmus, die Eigenliebe der Menschheit, bis jetzt drei schwere Kränkungen von Seiten der wissenschaftlichen Forschung erfahren hat"*[16]. Diese schweben bis heute mehr oder weniger konkret in den Köpfen der Leute und geistern durch manches Gespräch, sie werden aber in ihrer Bedeutung nur selten ernst genommen und meistens ignoriert. Obwohl seit Langem ein deutliches Unbehagen spürbar sein müsste, scheinen sich alle Beteiligten mit der Lage arrangiert zu haben.

Genau darauf bezieht sich Benedikts Aufruf im Deutschen Bundestag, als er feststellte:

---

[16] Freud, 1970, 133.

„Dies ist eine dramatische Situation, die alle angeht und über die eine öffentliche Diskussion notwendig ist, zu der dringend einzuladen eine wesentliche Absicht dieser Rede ist. " [17]

Das Ende der Einzigartigkeit: Verloren im All

In religiösen Überlieferungen gilt die Erde als heiliger Boden. So berichtet die Bibel von einem göttlichen Schöpfungsakt, der allein dazu gedient habe, dem Menschen eine Heimat zu geben. Diese Sicht entspricht dem geozentrischen Weltbild des ägyptischen Astronomen Claudius Ptolemaios. Er setzte die Erde als Mittelpunkt der Welt fest, während die Planeten und andere Himmelskörper um sie kreisten. Dieses Bild blieb das ganze Mittelalter hindurch praktisch unverändert. Erst im 16. Jahrhundert hat der polnische Astronom Nikolaus Kopernikus eine neue Perspektive eingenommen: Seine Beobachtungen ließen jetzt die Sonne als Mittelpunkt des Weltalls erscheinen, was die Bedeutung der Erde deutlich schmälerte: Sie war nur mehr ein Planet unter mehreren, die um sie kreisten. Mit dieser Feststellung erschütterte Kopernikus ein seit jeher geltendes Selbstverständnis des Menschen: Die Erde als Zentrum der Welt.

Mit zunehmender Genauigkeit der Teleskope begann auch das heliozentrische Weltbild zu bröckeln. Bald wurde klar, dass die Sonne nur einer von vielen Sternen am Nachthimmel war, dass es also eine ungeheure Vielzahl anderer Sonnensysteme geben musste, die womöglich selbst Planeten hatten. Der Dominikanermönch Giordano Bruno ging schon im 16. Jahrhundert von einem unendlich großen, von Lebewesen bewohnten Weltall aus. Bewahrheitet hat sich immerhin die Größe des Universums. Seit dem Betrieb des Weltraumteleskops *Hubble* vermutet man einen Durchmesser von 90 Milliarden Lichtjahren, darin etwa 100 Milliarden Galaxien wie unsere Milchstraße mit teils hunderten Milliarden Sonnen, von der Anzahl möglicher Planeten ganz zu schweigen. Letztere lassen sich von der Erde aus schwer entdecken, weil sie selbst nicht leuchten. Mehrere solcher Exoplaneten sind jedoch schon aufgespürt worden.

Aus dem einst exklusiven Mittelpunkt des Weltalls ist mittlerweile eine völlig unbedeutende Erscheinung am Rande des Universums geworden, die beliebiger nicht sein könnte. Hatten diese Annahmen seinerzeit noch zu einem Konflikt mit kirchlichen Autoritäten geführt, so sind sie mittlerweile als wissenschaftliche Erkenntnisse akzeptiert. Anhänger der kopernikanischen Wende wurden schon vor längerer Zeit rehabilitiert. [18]

---

[17] BT III,26.

[18] Galilei widerrief bekanntlich seine Ansicht, Bruno zog den Tod vor. – Das Urteil gegen Galileo Galilei hob Johannes Paul II. 1992 auf, 2000 wurde auch die Hinrichtung Brunos als Unrecht erkannt. Kopernikus dagegen wurde seinerzeit noch nicht ernst genommen.

Eine weitere Sicherheit, die spätestens im zwanzigsten Jahrhundert zerstört wurde, war die Unveränderlichkeit des irdischen Lebensraums. Natürlich war bekannt, dass Naturkatastrophen und Wettergewalten ungeheure Zerstörungen anrichten konnten, und gläubige Menschen konnten sich auch jederzeit einen göttlichen Eingriff vorstellen. Aber nun ging es um die Vorstellung von der Erde als einem Ort, der seit erdenklichen Zeiten unverändert durch den Weltraum kreist – gewissermaßen als feste Heimat und Wohnung des Menschen. Und dieser Gedanke musste jetzt aufgegeben werden.

Weder die Erde noch das Sonnensystem sind ohne Entstehung – und Vergehen – vorstellbar, und ähnlich verhält es sich mit unserer Heimatgalaxie, der Milchstraße und am Ende mit dem gesamten Universum.

So hat sich der blaue Planet zusammen mit den übrigen Trabanten, die um die Sonne kreisen, aus deren Überresten gebildet. Obgleich knapp fünf Milliarden Jahre alt, ist unser Erdball bis heute nicht abgekühlt, geschweige denn zur Ruhe gekommen. Stoßwellen, wie sie bei einem Erdbeben auftreten, offenbaren seinen Aufbau: Ganz im Innern befindet sich ein heißer Kern aus schweren Elementen, der sich schneller dreht als die übrige Kugel. Er wird umgeben von einem unteren und einem oberen Mantel sowie weiteren dünneren Schichten. Oben auf schwimmen die Platten der Erdkruste, die sich im Lauf der Jahrmillionen auseinanderbewegt haben. Wenn sie aneinander reiben, wird dadurch ein Erdbeben ausgelöst, und noch heute künden Vulkanausbrüche von der Hitze im Inneren unseres Planeten.

Von den Kontinenten bis zu den Gebirgen ist unser Planet stets in Bewegung, sein endgültiges Schicksal aber eng mit dem der Sonne verknüpft. Eines Tages, wenn ihr Brennstoff zur Neige geht, wird sie sich zuerst auf ein Vielfaches ihrer jetzigen Größe ausdehnen und später erkalten. Ihre lebensspendenden Strahlen werden dann ausbleiben.

Seit die Vorgänge im Inneren der Sterne bekannt sind, lassen sich deren Alter und Entwicklung abschätzen, auch wenn die Himmelskörper Milliarden von Lichtjahren entfernt sind. Sie haben ihren Reiz als geheimnisvolle, mythische Erscheinungen verloren und sind zu einem gewöhnlichen Forschungsgegenstand geworden. Selbst für das Universum scheint die Zukunft festzustehen: Seit seinem Beginn dehnt es sich unaufhörlich aus, und wenn eines Tages alle Sterne erloschen und die verbliebene Materie in unvorstellbaren Zeiträumen zerfallen ist, ja selbst Schwarze Löcher nach 10^{100} Jahren aufgrund ihrer Abstrahlung „verdampft" sind[19] , dann vermuten die Forscher heute einen kalten und dunklen See aus kleinen Teilchen, Photonen und Neutrinos. Der Kosmos, entsprungen

---

[19] Vgl. Hawking, 1989, 129-146.

aus einem unvorstellbar heißen und dichten Urknall stirbt eines Tages den Kältetod mit allem, was danach noch kommen mag.

In dieser unvorstellbar langen Zeitspanne sind jene paar Milliarden Jahre, in denen die Voraussetzungen für Leben bestehen, ein gänzlich marginaler Abschnitt, und die Zeit des uns bekannten *homo sapiens* wie ein verschwindender Augenblick.

Als Sigmund Freud von der *„kosmologische[n] Kränkung"*[20] des Menschen sprach, meinte er das Bewusstwerden seiner offensichtlichen Bedeutungslosigkeit im Universum. Dabei nahm der Psychologe vor allem Bezug auf die Kopernikanische Wende und die Abkehr vom ptolemäischen Weltbild. Die Ergebnisse der modernen Atom- wie Astrophysik konnte Freud noch nicht erahnen. Sie hätten seine Diagnose mehr als nur untermauert.

Die Macht der Gene – unser Schicksal?

Der englische Geologe Charles Darwin hatte gerade eine Reise auf die Galapagos-Inseln unternommen, als er begann, sich stärker für die Vielfalt der Arten zu interessieren. 1859 veröffentlichte er seine Arbeit, die den Titel *Über die Entstehung der Arten* trug. Darwin hatte bemerkt, dass bei Lebewesen immer wieder Veränderung zutage treten, auch wenn er nicht erklären konnte, weshalb. Dadurch konnten sich neue Arten bilden, wie er auf den Galapagos-Inseln erkannte. Darüber hinaus beobachtete Darwin, dass sich in der Natur jene Lebewesen am ehesten behaupten können, die für das Überleben am besten ausgerüstet sind. Langfristig setzt sich damit der Stärkere durch. Dieser Ausleseprozess sorgt dafür, dass sich jene Lebewesen fortpflanzen, deren Erbgut am vorteilhaftesten ist, während die schwächeren oder missgebildeten Konkurrenten gefressen werden. Darwin sprach von natürlicher Zuchtwahl. Sechs Jahre nach Darwin veröffentlichte der österreichische Mönch Gregor Mendel einen Aufsatz über die Züchtung von Erbsen. Darin vermutete er, dass sich bestimmte Eigenschaften von Lebewesen in so genannten Erbpartikeln befinden, die von Generation zu Generation weitergegeben werden. Heute ist allgemein von Genen die Rede.

Schon im 17. Jahrhundert hatte der Blick ins Mikroskop gezeigt, dass sich alle Lebewesen aus kleinen Zellen zusammensetzen. Es dauerte jedoch mehrere hundert Jahre, um deren Aufbau näher zu erforschen. Im Jahre 1953 entdeckten der britische Biochemiker Francis Crick und sein amerikanischer Kollege James Watson im Kern der Zelle eine seltsame Struktur: Zwei eingedrehte Bänderpaare, zwischen denen vier verschiedene Moleküle in unterschiedlicher

---

[20] Freud, 1970, 134.

31

Weise aufgereiht waren. In dieser Doppelhelix – so die Bezeichnung der Spirale – sind alle Erbinformationen verschlüsselt. Crick und Watson gelang es in den folgenden Jahren, den Code der Erbanlagen zu enträtseln, der den gesamten Bauplan eines Organismus enthält.

Der Prozess der erbgeschichtlichen Weiterentwicklung wird als Evolution bezeichnet. Er beruht auf einer zufälligen Veränderung des Erbguts, der *Mutation*, und seinen Folgen für die nachfolgende Generation. Meist sind die Auswirkungen negativ, doch je nach den herrschenden Lebensumständen kann auch einmal eine vorteilhafte Veränderung erfolgen. Der Kampf ums Dasein bestimmt am Ende, welche Art sich behauptet und fortpflanzt: Es ist die *Selektion* der Überlebenstüchtigen.

Der lange Weg der Evolution

Nachdem sich die Erde aus den Resten der Sonnenmasse gebildet hatte, begann eine lange Zeit der Abkühlung. Meteoriten schlugen auf dem heißen Planeten ein und machten ihn 800 Millionen Jahre lang unbewohnbar. Vor etwa 3,8 Milliarden Jahren, so zeigen Funde von Fossilien, haben sich dann die ersten Bakterien gebildet. Den Ursprung dieses frühen Lebens vermuten die Biologen in einer Brühe aus verschiedenen chemischen Substanzen, die einst einen Teil unseres Planeten bedeckte. Aus dem Inhalt dieser „Ursuppe" könnten sich damals die einfachsten Lebewesen zusammengesetzt haben: Bakterien, die im Wesentlichen nur aus ihrem Erbmaterial und einer Hülle bestanden haben. Die Gewitterblitze der frühen Atmosphäre sollen die Entstehung des Lebens mit begünstigt haben.
Fast zwei Milliarden dauerte es, bis sich aus den primitiven Zellen Bakterien entwickelt hatten, die ihre Gene in einem Kern aufbewahrten. Die neuen Lebewesen wuchsen auf das 10000-fache ihres Vorgängers an und enthielten selbst kleine Körperchen, die sog. Organellen, deren Aufgabe mit den Organen eines höheren Lebewesens vergleichbar ist. Aus den Einzellern wurden schließlich Mehrzeller. Algen waren die Grundlage für die bald einsetzende Vielfalt der Lebewesen. Etwa vier Milliarden Jahre war die Erde nun alt.

Plötzlich und innerhalb kürzester Zeit setzte dann ein gewaltiger Zuwachs an Tierarten ein. Vor etwa 550 Millionen Jahren sind so die grundlegenden Baupläne für die heutigen 26 Tierstämme entstanden. Es war ein gewaltiger Sprung der Evolution, der immer noch Fragen aufwirft. Das gerade erst entstandene, noch wirbellose Leben verlässt seinen einstigen Geburtsort, das Meer, und breitet sich auf dem Festland aus. Vor etwa 400 Millionen Jahren siedelten sich die ersten Pflanzen dort an, etwa 50 Millionen Jahre später folgten die ersten Tiere. Mit einem Vorläufer des Fisches entsteht das erste Wirbeltier. Die Entwicklung geht weiter: Ein feuchtwarmes Klima begünstigt die Entstehung einer großen Vielfalt an Pflanzen. Die ersten Reptilien erobern das Land, Insekten schwirren durch die Lüfte. Mittlerweile sind die ersten Dinosaurier auf den Plan getreten. Als sie vor etwa 65 Millionen Jahren aussterben, geben Sie die Bühne für die Säugetiere frei.

Während sich die Vermehrung des Lebens anfangs durch Teilung, also Verdoppelung der Zellen vollzog, gewinnt schließlich die zweigeschlechtliche Fortpflanzung an Bedeutung. Weil bei letzterer die Zeugenden je zur Hälfte die Gene der Nachkommen stellen, kommt es zu einer Durchmischung der Erbanlagen und damit zu einem Lebewesen mit neuen Eigenschaften. Es ist dadurch besser gegenüber Krankheitserregern ausgerüstet.

Eine ähnlich bahnbrechende Schöpfung der Evolution ist die Ausbildung von Nervenzellen, die später im komplizierten Gehirn seinen Abschluss findet. Während Insekten und primitive Lebensformen keine oder wenig Sinnesempfindungen zeigen, und der Austausch mit ihrer Umgebung mehr oder weniger auf Reflexen beruht, haben Tiere mit verfeinerten Sinnen einen wesentlich breiteren Handlungsspielraum. Je langsamer sich ein Lebewesen bis zur eigenen Geschlechtsreife entwickelt, umso ausgeprägter muss auf der anderen Seite der elterliche Instinkt zur Pflege und Aufzucht der Nachkommen sein. Auch von der Fähigkeit, innere Konflikte friedlich beizulegen, hängt das Überleben einer Tierart ab. Solche Verhaltensmuster sind das Ergebnis einer lange andauernden Evolution, die sich somit keineswegs nur auf äußere Merkmale, beschränkt. Ein recht ausgeprägtes Sozialverhalten zeigt sich indes bei den Säugetieren, die seit dem Aussterben der Dinosaurier den Planeten beherrschen. Am deutlichsten lässt sich es sich bei Affen beobachten, den nächsten Verwandten des Menschen.

Vor über fünf Millionen Jahren lebte der gemeinsame Vorfahre von Affen und Vormenschen in den Waldrändern Afrikas. Aus ihm haben sich die heutige Gattung der Affen und der Stammbaum des Menschen entwickelt. Vor etwa vier Millionen Jahren haben unsere Ahnen gelernt, aufrecht zu gehen. Mehrere Familien von Hominiden sind entstanden und wieder ausgestorben, bis vor etwa zwei Millionen Jahren die Gattung *homo* aufgetreten ist. Funde verlegen seinen Ursprung auf den afrikanischen Kontinent. Von dort aus hat er sich in mehreren Wellen nach Asien und Europa ausgebreitet und ist schließlich bis Amerika gelangt. Seine Wanderungen und Siedlungen lassen sich heute anhand von Knochenfunden und unterschiedlichen Blutgruppen, aber auch durch verwandte Ausdrücke in den verschiedenen Sprachfamilien nachweisen.

Der frühe Mensch erlernt schon bald den Umgang mit Werkzeugen und den Gebrauch des Feuers. Er gibt sein Dasein als Jäger und Sammler auf und wird schließlich sesshaft. Als unsere Vorfahren vor etwa 6000 Jahren die Schrift erfinden, um ihre Gedanken festzuhalten, da beginnt die eigentliche Geschichte. Sie macht aber nur einen Bruchteil in der langen Geschichte der Menschheit aus.

Vom einstigen Geheimnis des Lebens ist nicht mehr viel übriggeblieben. Seine Vielfalt lässt sich nach den Erkenntnissen der Biologie auf recht primitive Urformen und deren zufällige Veränderung zurückführen. Bei Säugetieren und beim Menschen, der am Ende einer jahrmilliardenlangen Entwicklung steht, kann man diese Herkunft noch heute beobachten: Ein Embryo bildet im Mutterleib zunächst die für Fische typischen Organe aus – Kiemenspalten, ein schlauchförmiges Herz, u.a. – , bevor sich später menschliche Körperteile daraus entwickeln. Auf diese Weise hat sich die biologische Evolution eine unauslöschliche Erinnerung gesichert. Der *homo sapiens* hat 98,8 % seiner Gene mit dem Schimpansen gemeinsam. Er scheint damit nur das letzte Produkt jener unaufhaltsamen Entwicklung zu sein, die sich Evolution nennt. Von einer besonderen Bedeutung ist nichts zu erkennen.

Freud hat im evolutionären Ursprung die zweite, die *„biologische Kränkung"*[21] des Menschen gesehen. Anstatt eine Position über den anderen Lebewesen einzunehmen, teilt er sich mit ihnen Abstammung und Gene und wird somit ein Teil der Tierwelt. Für die einst als "Krone der Schöpfung" verteidigte Position gibt es aus biologischer Sicht keinerlei Anhaltspunkte.

Vernunft am Ende

Wenn auch der biologische Sonderstatus fragwürdig geworden ist, so scheint der *homo sapiens* wenigstens in einer Hinsicht eine Ausnahme zu sein. Als einziges Lebewesen beruht seine Überlebensfähigkeit auf geistigen Fähigkeiten, denn, so schreibt der Entwicklungsforscher Arnold Gehlen: *„...der Mensch wäre, der rohen Natur wie ein Tier ausgesetzt, mit seiner ihm angeborenen Physis und seiner Instinktmangelhaftigkeit unter allen Umständen lebensunfähig. ... Seine aufrechte Haltung, seine Hand, die einzigartige Lernfähigkeit, die Plastizität seiner Bewegungen, seine Intelligenz, seine Sachlichkeit...., die `Offenheit´ seiner zwar wenig leistungsfähigen, aber nicht auf das nur Instinktwichtige eingeengte Sinne, alles das kann als ein System betrachtet werden, als ein Zusammenhang, der den Menschen befähigt, unter allen denkbaren Außenumständen, im Urwald, im Sumpf, in der Wüste oder wo immer, in arktischen Zonen oder unter dem*

---

[21] Ebd., 135.

Äquator die jeweils vorhandenen Naturkonstellationen intelligent so zu bearbeiten, daß er sich halten kann."[22]

Die körperlichen Mängel des Menschen werden vor allem durch seine Verstandestätigkeit ausgeglichen. Seine Fähigkeit, über Vergangenheit und Zukunft nachzudenken, seine Vorhaben zu planen und abstrakte Vorstellungen zu entwerfen, unterscheidet ihn von allen übrigen Lebewesen. Darüber hinaus ist er der einzige, der sich Gedanken über den Sinn seines Daseins, über ein moralisch gerechtes Verhalten und ein Leben nach dem Tod macht. Nur der Mensch sucht sein Heil in der Hoffnung der Religionen und nur er strebt nach Erkenntnis. Das Verhalten der Tiere ist hingegen durch angeborene Instinkte und Reflexe vorbestimmt. Unter allen Lebewesen scheint so der Mensch eine einsame Ausnahme zu sein: ein vernunftbegabtes und beseeltes Wesen – also doch: die Krone der Schöpfung?

An dieser Stelle kommt die *„dritte Kränkung, die psychologischer Natur ist"*[23] ins Spiel, die Sigmund Freud formuliert hat: Der Zweifel an der psychischen Zurechnungsfähig des Individuums.
Die Biologie hatte bereits festgestellt, dass der Mensch seinen Platz in der Ahnenreihe der Tierwelt finden müsse, sie hat ihn damit näher zu den Tieren gerückt. Im 20. Jahrhundert machte sich die Verhaltensforschung daran, die Tiere näher an den Menschen heranzurücken.

Verschiedene Versuche zeigten nämlich, dass auch andere Lebewesen zu Verstandestätigkeiten in der Lage waren. Vor allem Affen besitzen ein gut entwickeltes Werkzeugdenken. Lässt man sie in einem Raum allein, an dessen Decke Bananen aufgehängt sind, und dazu einige Kisten und Stöcke herumliegen, so kann man nach kurzer Zeit beobachten, wie die Tiere die herumstehenden Kisten unterhalb der Frucht stapeln und einen Stock benutzen, um an die ersehnte Beute zu gelangen.

Die Fähigkeit zu lernen ist also nicht allein auf den Menschen beschränkt; sie lässt sich auch bei anderen höherentwickelten Lebewesen beobachten: Der russische Forscher Iwan Pawlow beschäftigte sich um die Jahrhundertwende mit den Reaktionen des Hundes. Üblicherweise sondert er beim Anblick seines Fressens Speichel ab. Pawlow ließ bei der Fütterung eine Zeit lang gleichzeitig eine Klingel ertönen. Nach einigen Malen stellte er fest, dass der Hund bald schon nach dem Klingelzeichen mit dem Absondern des Speichels begann – er hatte gelernt, auf den Reiz zu reagieren.

---

[22] Gehlen, 1967, 18.
[23] Freud, 1970, 135.

Eine etwas anspruchsvollere Reaktion beschrieb der amerikanische Verhaltensforscher B.F. Skinner. Er stellte fest, dass Ratten, die in einem Käfig eingesperrt waren, jene Bereiche mieden, die unter Strom gesetzt waren und sich stattdessen in anderen Gebieten aufhielten. Schnell lernten sie, den Hebel eines Futterautomaten umzulegen, um an ihr Fressen zu gelangen. Die Vorgänge in der *skinner box* zeigten, dass Ratten ihr Verhalten so veränderten, dass sie ungewünschte Folgen vermeiden und beabsichtigte Wirkungen erreichen konnten.

Eine weitere Form des Lernens, zu der Tiere in der Lage sind, besteht in der Nachahmung anderer Artgenossen. Ratten besitzen ein ausgeprägtes Sozialverhalten, das in vielen Fällen dem des Menschen ähnelt, wie der österreichische Verhaltensforscher Konrad Lorenz sagt: *„In ihrem Verhalten gegen die Mitglieder der eigenen Gemeinschaft sind ... [Ratten] wahre Vorbilder in allen sozialen Tugenden. Aber sie verwandeln sich in wahre Bestien, sowie sie es mit Angehörigen einer anderen als der eigenen Sozietät zu tun haben."* [24]

Die evolutionsbiologischen und die verhaltensbiologischen Forschungen gingen also Hand in Hand, wenn es darum ging, die Fähigkeiten von Mensch und Tier aneinander anzunähern. Mit Sigmund Freund trat schließlich ein Psychologe auf den Plan, der die Souveränität des Menschen in Frage stellte, indem er die Integrität seiner Psyche bezweifelte, so *„daß das Ich nicht Herr sei in seinem eigenen Haus".* [25]

Sigmund Freud gilt als Begründer der modernen Psychoanalyse. Der 1856 in Freiberg geborene Nervenarzt widmete sich zeitlebens der Erforschung seelischer Auffälligkeiten und Krankheiten. Im Gespräch mit seinen Patienten versuchte er herauszufinden, welches Ereignis zu den beobachtbaren Störungen geführt hat. Die Aufarbeitung des bedrückenden Erlebnisses sollte dann zum Ausgangspunkt einer Heilung werden.

Freud stellte fest, dass die belastenden, mitunter traumatischen Erfahrungen oftmals bis in die Kindheit zurückreichten. Weil das Erlebte nicht ausreichend verarbeitet werden konnte, beherrschen die Erinnerungen daran weiterhin das Innenleben des betroffenen Menschen. Während sich die jeweilige Person nicht bewusst ist, worunter sie leidet, können sich die Auswirkungen ihrer Vergangenheit in zwanghaften Vorstellungen und Handlungen äußern. Das

---

[24] Lorenz, 1973, 219.
[25] Freud, 1970, 137.

ursprüngliche Erlebnis aber ist verdrängt worden, es lebt in einem Teil der Psyche weiter, der dem Patienten nicht zugänglich ist: im Unterbewusstsein.

Im Mittelpunkt der Freud'schen Psychologie steht ein neu entwickeltes Modell von der Persönlichkeit des Menschen. Sie setzt sich demnach aus drei Instanzen mit jeweils unterschiedlicher Zielsetzung zusammen, genannt *Es*, *Ich* und *Über-Ich*.[26] Den ältesten Teil der menschlichen Psyche nennt Freud das *Es*. In ihm befinden sich alle ererbten psychischen Eigenschaften einer Person. Das *Es* verkörpert sämtliche Wünsche und Bedürfnisse, auch wenn sie der betreffenden Person so nicht bewusst sind. Im *Über-Ich* sammeln sich alle Normen und Werte, die ein Mensch im Laufe der Erziehung und auch im späteren Leben verinnerlicht. Während das *Es* nach der Verwirklichung seiner Wünsche sucht, handelt das *Über-Ich* nach dem moralischen Prinzip. Beide Instanzen stehen sich somit gegenüber. Das *Ich* bildet den eigentlichen Kern der Persönlichkeit. Es übt die verschiedenen Verstandestätigkeiten aus und bildet den Willen. Außerdem muss es versuchen, zwischen den triebhaften Wünschen des *Es* und den moralischen Vorschriften des *Über-Ichs* zu vermitteln. Es handelt damit nach dem Realitätsprinzip.

Sigmund Freud gliederte die Entwicklung der Persönlichkeit in bestimmte Phasen, in denen sich der Lusttrieb auf jeweils andere Art Erfüllung suchte. War dies nicht möglich, oder entstanden schwere Konflikte zwischen den drei Instanzen, so konnte dies schwerwiegende Auswirkungen auf die Psyche des späteren Menschen haben. So können sich traumatische Erfahrungen, die aus dem Bewusstsein verdrängt wurden, durch scheinbar unerklärbare Verhaltensstörungen bemerkbar machen. Ereignisse, die die menschliche Psyche nicht verkraften kann, werden durch eine Art Abwehrmechanismus von ihr ferngehalten. Verdrängung ist nur eine mögliche Reaktion, eine andere besteht im Rückfall in eine frühere Phase der Entwicklung.

Wenngleich die Physik im frühen zwanzigsten Jahrhundert das mechanische Denken der Newton'schen Zeit schon verabschiedet hat, so leuchtet es bei Freuds Instanzen und bei seiner Beschreibung der psychischen Prozesse noch einmal auf. Wie drei Gewichte, deren Kräfte gegeneinander kämpfen, liegen die Instanzen der Person im Wettstreit, die Vorgänge in der Psyche erinnern an ein weit verzweigtes System aus Leitungen, Behältern und Speichern, in denen Flüssigkeiten und Gase herumwabern, die immer wieder einen Druck ausgleichen müssen.

---

[26] Vgl. Freud, 1965, 9-18.

Die Ergebnisse der Verhaltensforschung haben bei den meisten Biologen Zweifel an der besonderen Stellung des Menschen geweckt. Einerseits zeigen Tiere ganz ähnliche, wenngleich nicht so weit entwickelte Reaktionen wie der *homo sapiens*: Sie sind fähig zu lernen, können sich verständigen, Werkzeuge gebrauchen und sich in Gruppen organisieren. Affen scheinen darüber hinaus eine gewisse Vorstellung von sich selbst zu haben – sie erkennen sich im Spiegel wieder. Auf der anderen Seite scheint das Verhalten des Menschen keineswegs frei von Zwängen und Instinkten zu sein. Eine Reihe erblicher und äußerer Einflüsse bestimmt nach Ansicht der Psychologen die Persönlichkeit eines Menschen. Konrad Lorenz erklärt die offenbare Ähnlichkeit zwischen Mensch und Tier mit deren gemeinsamer Vergangenheit in der Evolution. Diese könne man beim Gegenüber sogar spüren:

„Wenn wir uns vom Verhalten eines Tieres emotional angesprochen fühlen, ist das ein sicherer Indikator dafür, daß wir intuitiv eine Ähnlichkeit zwischen tierischem und menschlichem Verhalten entdeckt haben. ... Das Aufleuchten ... unserer `Rührung´, ist also ein sicheres Anzeichen für eine hochgradige Ähnlichkeit zwischen tierischem und menschlichem Verhalten."[27]

Eine Ähnlichkeit behauptet auch Sigmund Freud, wenn er über sein Persönlichkeitsmodell schreibt:

„Dies allgemeine Schema eines psychischen Apparates wird man auch für die höheren, dem Menschen seelisch ähnlichen Tiere gelten lassen. Ein Über-Ich ist überall dort anzunehmen, wo es wie beim Menschen eine längere Zeit kindlicher Abhängigkeit gegeben hat. Eine Scheidung von Ich und Es ist unvermeidlich anzunehmen."[28]

Das Ende des Geistes?

Freud spricht von einem „psychischen Apparat", der das Verhalten höher entwickelter Lebewesen bestimmt. Seine Eigenschaften ergeben sich zum Teil aus den Erbanlagen, zum Teil aus den Einflüssen seiner Umwelt – entwickelt in der langen Geschichte des Lebens. Hoimar v. Ditfurth verweist auf dessen Bedeutung im Rahmen der Evolutionstheorie:

„Unsere Sinnesorgane sind von der Natur nicht zu dem Zweck entwickelt worden, uns die objektive Wirklichkeit der Welt zu vermitteln, sondern dazu,

---

[27] Lorenz, 1988, 291.
[28] Freud, 1965, 11.

unsere Chancen im Kampf ums Dasein zu verbessern. Unser Gehirn ist kein Organ zur Erkenntnis der Natur, sondern ein Organ zum Überleben. "[29]

Das Gehirn gilt bei dieser Betrachtung nicht länger als Sitz einer feinstofflichen Seele, so wie es seit erdenklichen Zeiten angenommen wurde. Die Nervenzellen des Hirns werden vielmehr als die alleinigen Ursachen des menschlichen Verhaltens betrachtet. Der Zoologe Bernhard Rensch bemerkt dazu:

„Analysen der Hirnsubstanz lehren nun, daß diese letztlich aus den gleichen Arten von Atomen, Ionen und Elementarteilchen zusammengesetzt ist, wie sie auch aus unbelebter Materie bekannt sind. Während der embryonalen Entwicklung wird das Hirn aus Verbindungen aufgebaut, die auf dem Wege über die Placenta aus dem Blutstrom der Mutter stammen. Und nach der Geburt liefert die Nahrung des Kindes über das Blutgefäßsystem weiteres Baumaterial für die Hirnnervenzellen, deren Eiweißstoffe mehrfach wieder abgebaut und durch neues Material ersetzt werden. Es gibt also keine besondere `psychophysische Materie'. "[30]

Der menschliche Geist[31] besteht nach Ansicht des britischen Physikers Paul Davies lediglich aus einer Ansammlung von Informationen über das bisher Erlebte. Er stellt dabei aber nichts Besonderes dar:

„Es scheint keinen wissenschaftlichen Nachweis für irgendeine besondere göttliche Eigenschaft des Menschen zu geben, und es ist kein wirklicher Grund dafür erkennbar, daß eine fortschrittliche elektronische Maschine nicht prinzipiell den unsrigen ähnliche Bewußtseinsempfindungen haben könnte. "[32]

Die heutige Physik sieht den Geist des Menschen als eine Art Speicher für Eindrücke und Erinnerungen, ähnlich einem Tonband oder Datenträger. Der „psychische Apparat", wie Freud ihn nannte, gilt als ein hochkomplizierter Mechanismus, der allein aus Nervenzellen besteht. Bewusstsein ist nichts anderes als ein Aktivitätszustand auf neuronaler Ebene. Diese Nervenaktivität ist das einzig Feststellbare, wenn gemeinhin von Gedanken und Gefühlen, von moralischen und religiösen Empfindungen, ja von Empfindungen und Eindrücken aller Art die Rede ist. Ein Geist oder eine Seele im bisherigen Verständnis ist damit obsolet geworden.

---

[29] Ditfurth, 1974, 23-24. – er hat sich aber später (1981, 274-275) auf einen Dualismus eingelassen.
[30] Rensch, 1977, 244-245.
[31] Anstelle von *Geist* wurde früher oft der Begriff der *Seele* verwendet, der heute aber einen religiösen Beiklang hat, weshalb oft vom *Bewusstsein* die Rede ist. Die Philosophie spricht aber nach wie vor vom *Leib-Seele-Problem*.
[32] Davies, 1989, 131.

Durch diese Betrachtung ändert sich, so Skinner, das bisherige Bild vom Menschen auf radikale Weise:

„Was im Begriff ist, abgeschafft zu werden, ist der „autonome Mensch" ... *der von der Literatur der Freiheit und der Würde verteidigt wird. Seine Abschaffung ist seit langem überfällig"*[33]

Über Gott und die Welt

Als der berühmte Mathematiker und Philosoph René Descartes vor gut 350 Jahren versuchte, ein Fundament für die aufkommenden Wissenschaften zu schaffen, begründete er sein Vertrauen in die Erforschbarkeit der Welt mit der Existenz eines allmächtigen und allgütigen Wesens: Gott. Die Vorstellung von diesem, so glaubte er, sei ihm angeboren und kein gedankliches Konstrukt, wie seine Definition erkennen lässt:

„Als Gott bezeichne ich eine unendliche, [ewige, unveränderliche][34] *unabhängige, allweise, allmächtige Substanz, von der Ich selbst und alles, was etwa noch außer mir existiert, geschaffen worden ist. Ihre Vorzüge sind so groß, daß ich sie umso weniger als aus mir selbst hervorgegangen denken kann, je sorgfältiger ich sie ins Auge fasse."*[35]

Descartes Beschreibung ist so sachlich, wie man es von einem Mathematiker erwartet. Generationen von Forschern und Denkern haben angenommen, dass die Welt nicht aus sich selbst erklärbar ist und die Existenz eines Gottes angenommen. Die Vorstellungen reichen von der rein philosophischen Annahme eines *Creator Spiritus*[36] bis hin zu traditionellen religiösen Bekenntnissen.

Die moderne Physik kann mit dem Begriff eines Gottes im herkömmlichen Verständnis nichts anfangen, hat sie doch bereits die Vorstellung eines menschlichen Geistes, einer Seele zurückgewiesen. Beides scheint untragbar geworden zu sein:

„Das Gehirn ist das Medium, durch das sich der menschliche Geist ausdrückt. In ähnlicher Weise wäre das gesamte physikalische Universum das Medium, durch das sich der Geist eines natürlichen Gottes ausdrückt. In diesem Zusammenhang ist Gott der höchste, möglicherweise mehrere

---

[33] Skinner, 1973, 205. – Das Werk trägt den bezeichnenden Titel *„Jenseits von Freiheit und Würde"*.
[34] Je nach Ausgabe der *Meditationes* ist der Text hier verschieden.
[35] Descartes, 1991, 121.
[36] Ein *Schöpfergeist* – vgl. BT V,9.

Beschreibungsstufen oberhalb der des menschlichen Geistes anzusiedelnde holistische Begriff. "[37]

Die Erklärung des Physikers macht deutlich, dass es ihm darum geht, den Begriffen Gott und Geist eine physikalische Bedeutung zu geben. Die menschliche Psyche ist hier nichts anderes als eine Ansammlung von Nervenzellen im Gehirn und die darin gespeicherten Eindrücken. Etwas Ähnliches gilt nun für die Existenz eines Gottes. Seine „Persönlichkeit" beschränkt sich darauf, die Information über den physikalischen Zustand des Weltalls darzustellen. Ein Haufen Daten ist jedoch beim besten Willen nicht mit einem höheren Wesen im eigentlichen Wortsinn gleichzusetzen. Der Beschreibungsversuch des Physikers ist denn auch ein höflicher Versuch, die einfache Tatsache auszudrücken, dass es im Weltbild der modernen Physik ganz einfach keinen Platz für einen Gott gibt – wozu auch?

Sigmund Freud erklärte den Glauben an ein höheres Wesens mit der menschlichen Sehnsucht nach Geborgenheit. Die Vorstellung eines Gottes dient seiner Ansicht nach der Bewältigung von Angst:

„...der schreckende Eindruck der kindlichen Hilflosigkeit hat das Bedürfnis nach Schutz - Schutz durch Liebe - erweckt, dem der Vater abgeholfen hat, die Erkenntnis von der Fortdauer dieser Hilflosigkeit durchs ganze Leben hat das Festhalten an der Existenz eines - aber nun mächtigeren - Vaters verursacht. Durch das gütige Walten der göttlichen Vorsehung wird die Angst vor den Gefahren des Lebens beschwichtigt, die Einsetzung einer sittlichen Weltordnung versichert die Erfüllung der Gerechtigkeitsforderung, die innerhalb der menschlichen Kultur so oft unerfüllt geblieben ist, die Verlängerung der irdischen Existenz durch ein zukünftiges Leben stellt den örtlichen und zeitlichen Rahmen bei, in dem sich diese Wunscherfüllungen vollziehen sollen. "[38]

Es ist die menschliche Psyche, die nach Freud diese Erwartungen entwirft, ohne dass ihnen eine Wirklichkeit entspräche. Deshalb handle es sich bei ihnen um *„...Illusionen, Erfüllungen der ältesten, stärksten, dringendsten Wünsche der Menschheit; das Geheimnis ihrer Stärke ist die Stärke ihrer Wünsche.* "[39]

Der Zoologe Richard Dawkins ist der Ansicht, religiöse Vorstellungen seien im Laufe der Entwicklung aufgekommen, um für bestimmte Menschen einen Vorteil im Kampf ums Dasein zu bringen. Er spricht dabei vom

---

[37] Davies, 1989, 286.
[38] Freud, 1995, 133.
[39] Ebd.

„Überlebenswert des Gott-Mems "[40], wobei ein Mem einem Bewusstseinsinhalt entspricht, der sich verbreitet, wenn er für das Überleben der Spezies erfolgreich ist. Bei diesem Menschenbild werden sämtliche Merkmale und Charakterzüge einer Person von den biologischen Bedingungen bestimmt.

Letztlich bestimmen so die Gesetze der Physik den Ablauf der Geschichte, wie etwa der Biologe C.D. Darlington sagt:

„Man muß die Geschichte verstehen als eine Reihe von Wechselwirkungen zwischen Einzelmenschen und Umwelt ... Jedes Einzelwesen wird von dem beeinflußt, was vor ihm geschah, oder wirkt sich selbst auf das aus, was nach ihm kommt. Für den Menschen gründet sich alles, was in seiner Umwelt für ihn wesentlich ist, auf diese genetisch bedingte Folge.
So ist es also um die Geschichte bestellt. Letzten Ende ruht das Gebäude einer Gesellschaft auf dem Grundstoff in den Chromosomen [d.h. in den Genen, Anm. d. Autors] und auf den Umwandlungen, denen er unterworfen ist. In ihrer Gesamtfolge müssen wir sie als determinierte Vorgänge erforschen... ".[41]

Das Gebäude der Wissenschaften hat im Lauf der letzten Jahrhunderte eine tiefgreifende Veränderung erfahren. Chemie und Biologie sind längst in den Räumen der modernen Physik untergebracht, und auch die Sozial- und Geisteswissenschaften befinden sich bereits im Umzug. Der Religion, die einst die Umrisse des Gebäudes abgesteckt hatte, wird der Zutritt in die Räumlichkeiten meist verweigert, und auch die Philosophie findet nur mehr zeitweiligen Einlass. Ihre Aufgabe ist es, den „logischen Aufbau der Welt", wie ihn die Physik grundgelegt hat, begrifflich zu flankieren oder „alte Scheinfragen" aufzulösen, die von früheren Denkern aufgeworfen worden waren.[42] Nach Ansicht des französischen Philosophen Auguste Comte liegt der Ursprung der geistigen Entwicklung in der Religion. Diese wird allmählich durch die Philosophie abgelöst, und jene am Ende von den Naturwissenschaften.[43] Und in der Tat: Das ehemalige Gebäude der Wissenschaften ist zum Haus der Physik geworden.

In einem Universum, das sich ausschließlich nach den Gesetzen der Physik beschreiben lässt, spielt der Mensch am Ende keine Rolle mehr. Er ist gefangen

---

[40] Dawkins, 2004, 310.
[41] Darlington, 1962, 315.
[42] So fordert Schlick bei Sinnfragen, die über das positivistische Weltbild hinausreichen, eine *„Aufdeckung der falschen Fragestellung"* (1992, 17), während Carnap die „Aufstellung eines erkenntnismäßig-logischen Systems der Begriffe, des *„Konstitutionssystems"* (1998, 1) als Ziel ausgegeben hat.
[43] Vgl. Kutschera, 1991, 12.

in den Abläufen einer uhrwerksartigen Welt, deren physikalischer Verlauf ebenfalls keinen Sinn erkennen lässt.

Unbegreiflich ist, wie der Physiker Steven Weinberg bekennt, *„daß dieses gegenwärtige Universum sich aus einem Anfangszustand entwickelt hat, der sich jeder Beschreibung entzieht und seiner Auslöschung durch unendliche Kälte oder unerträgliche Hitze entgegengeht. Je begreiflicher uns das Universum wird, um so sinnloser erscheint es auch. (...) Das Bestreben, das Universum zu verstehen, hebt das menschliche Leben ein wenig über eine Farce hinaus und verleiht ihm einen Hauch von tragischer Würde."*[44]

Deutlicher wird der Biochemiker Jacques Monod, wenn er über das Selbstverständnis, das die moderne Wissenschaft dem Menschen liefert, schreibt:

„Wenn er diese Botschaft in ihrer vollen Bedeutung aufnimmt, dann muß der Mensch aus seinem tausendjährigen Traum erwachen und seine totale Verlassenheit, seine radikale Fremdheit erkennen. Er weiß nun, daß er seinen Platz wie ein Zigeuner am Rande des Universums hat, das für seine Musik taub ist und gleichgültig gegen seine Hoffnungen, Leiden oder Verbrechen."[45]

Dies sind die bitteren Früchte der Wissenschaft.

---

[44] Weinberg, 1977, 212-213. Die gegenwärtigen Beobachtungen deuten in Richtung eines Universums, das sich stetig weiter ausdehnt: *„Egal wie das Universum aufgebaut ist, sein Ende sähe also immer gleich aus: ein kaltes, sich ausdehnendes Meer aus Strahlung, in dem alles Leben längst erloschen ist."* (Trefil, 1993, 233).
[45] Monod, 1971, 211.

IV. Positopia: Die Insel der Verdammten und Vergessenen

Vor etwa 500 Jahren, wenige Jahrzehnte nach der Entdeckung Amerikas, beschrieb Thomas Morus eine vermeintlich ideale Gesellschaftsordnung, die auf der fernen Insel *Utopia* zu finden sei. Das fiktive Eiland hat freilich niemand gefunden und ob die skizzierten Vorschriften tatsächlich die Vision einer besseren Welt waren, mag bezweifelt werden. Der Name der Insel hat sich jedoch als begriffliches Ideal bis heute gehalten.

Mit dem Siegeszug der modernen Naturwissenschaften und ihrem Erklärungsanspruch hat sich mittlerweile eine zweite Vision herausgebildet, die nun nicht politischer sondern weltanschaulicher Natur ist: Positopia. Es handelt sich um das Ideal einer vollständig an der Physik orientierten und mathematisch strukturierten Welterklärung. Obwohl offen bleiben muss, ob sich die für alle Kräfte und Teilchen anvisierte „Weltformel" eines Tages finden und gar testen lässt, breitet sich das damit verbundene Weltbild mit rasanter Geschwindigkeit und ohne nennenswerten Widerspruch aus.

Der Geist von Positopia weht längst nicht mehr nur durch die Naturwissenschaften, längst hat er alle Sozial- und Humanwissenschaften erfasst und den verbliebenen Rest der Geisteswissenschaften bis hin zur Philosophie in seinen Bann gezogen. Die bisher skizzierte Geschichte seines Erfolgs beschränkt sich nicht auf theoretische Diskurse oder weltfremde Spekulationen. Positopia ist das Virus, das, wie Freud feststellte, zur Kränkung führt, weil „*die Eigenliebe der Menschheit*"[46], mithin das menschliche Selbstverständnis in Frage gestellt worden ist.

Den Anspruch des Positivismus[47] hat der Philosoph David Lewis knapp, aber treffend zusammengefasst: „*Die Welt ist so, wie uns die Physik das sagt, und mehr gibt es nicht zu sagen.*"[48] Aus ihm folgt eine vermeintlich aufgeklärte Beschreibung des gesamten Kosmos:

---

[46] Freud, 1970. 133.

[47] Als Positivismus wird nachfolgend jene Grundhaltung verstanden, die – wie David Lewis – davon ausgeht, dass sich das gesamte Universum allein mit Hilfe der Physik bzw. der Naturwissenschaften (Biologie, Chemie usw.) beschreiben lässt, und es nur materielle und messbare Dinge geben kann. Diese Position wird abwechselnd als *Materialismus* bezeichnet, obgleich dieser Begriff auch in anderen Zusammenhängen verwendet wird, oder als *naturwissenschaftlich/streng naturwissenschaftlich*. Gleichbedeutend sind die Bezeichnungen *Physikalismus, Nihilismus* oder *Naturalismus*. Stets ist dabei das positivistische Weltbild gemeint.

[48] Lewis, 1983, 361 – für das englische Originalzitat vgl. FN 11.

„Die beobachtbare Welt lässt sich genau wie ihr bisheriger Verlauf und die absehbare Zukunft mit Hilfe physikalischer Theorien beschreiben. Wenngleich der Laplace'sche Dämon wegen des vermuteten Zufalls nur begrenzten Einblick nehmen könnte, so ist doch unbestreitbar, dass jeder Zustand der Welt sich aus dem vorherigen Zustand erklären lässt und keine übersinnlichen Eingriffe nötig sind. Seit dem zurückberechneten Urknall lässt sich die Entwicklung der Galaxien und Sterne beobachten und berechnen, bis hin zur Entstehung des Sonnensystems und der Entwicklung des Lebens auf der Erde. Mag auch sein, dass manche Theorien unvollständig sind und manche Erklärungen noch auf sich warten lassen, so ist doch klar, dass sie eines Tages gefunden werden und sich in physikalischen Gesetzmäßigkeiten ausdrücken lassen. Selbst wenn am Ende einer langen Forschungsgeschichte noch Fragen offen bleiben sollten, was nicht ausgeschlossen werden kann, dann deswegen, weil das menschliche Denken an der Komplexität der Sache selbst scheitert, obwohl eine physikalische Erklärung existieren würde. Rätselhaft oder geheimnisvoll ist daher nicht die Welt an sich, sondern nur Fragen, die sich der Mensch stellt und auf die er keine für ihn fassbare Antwort erhält.

Eine davon ist die nach dem Sinn oder Ursprung der Welt. Weil alle physikalischen Beschreibungen erst mit der Entstehung des Universums einsetzen, ist sie kaum sinnvoll zu beantworten. Als Wissenschaftler könnte man sie vielleicht mit der Frage nach dem Klang des Farbtons „Rot" oder dem Geschmack der Zahl „8" vergleichen. Warum sich das Weltall in seiner Struktur so und nicht anders ausgebreitet hat, erklären manche Physiker durch Quantenfluktuationen in der Ausdehnungsphase, andere spekulieren über eine Vielzahl von Paralleluniversen, die sich permanent bilden. Wo immer sich sinnvolle Fragen ergeben, so müssten sie mit Hilfe der Physik beantwortet werden, eben weil es sich bei unserem Universum um einen rein physikalischen Vorgang handelt und um nichts anderes. Für etwas anderes gibt es keinerlei Anzeichen.

Dieser realistische Blick betrifft auch die Entstehung des Lebens auf der Erde und möglicherweise auf anderen Himmelskörpern. Stets sind seine Erscheinungsformen an das Überleben in der Umwelt angepasst, und zwar nicht zielgerichtet, sondern kausal: Schlecht angepasste Lebensformen gehen zugrunde, die besser ausgerüsteten überleben im Kampf ums Dasein. Diese Selektion wird durch zufällige Mutationen im Erbgut ergänzt, die immer wieder neue, gelegentlich auch bessere Lebensformen hervorbringen. Der Mensch hat sich aus dieser Ahnenreihe entwickelt und aufgrund seines Gehirns geistige Leistungen hervorgebracht, die die der Tiere übertreffen. Das hebt ihn zwar nicht aus seiner rein biologischen Verfasstheit, erklärt aber seinen Erfolg.

Genauso wenig wie das Weltall eine göttliche Seele in sich trägt, besitzt der Mensch einen Geist oder ein Bewusstsein, das sich nicht allein als Funktion seiner Gehirnzellen erklären ließe. Weder lässt sich ein Zeitpunkt in der Evolution bestimmen, zu dem er plötzlich auf wundersame Weise einen feinstofflichen Geist bekommen hätte, der parallel zu seinem Gehirn existieren müsste, noch hat sich jemals ein solcher nachweisen lassen. Tatsächlich ist das biologische Material des Menschen aus dem Stammbaum der Tiere genommen, zu denen er in jeder Hinsicht gehört.

So ist auch das Verhalten des Menschen wie das aller anderen Lebewesen durch eine Kombination aus seinen Erbanlagen, seinen Erfahrungen und seiner Erziehung festgelegt. Der freie Wille, den der Mensch zu haben glaubt, ist eine bloße Illusion. Jeder Gedanke und jedes Gefühl bedeutet im Grunde nichts anderes als eine neuronale Aktivität, die elektrische Ladungszustände, den Austausch von Botenstoffen und anderes beinhalten mag, wenn man die biologisch-chemische Seite betrachtet. Alle biologischen und chemischen Prozesse lassen sich aber letztlich als mehr oder weniger komplexe physikalische Ereignisse verstehen. Die materielle Struktur des Menschen, insbesondere auch seines Gehirns, lässt dabei keinen Platz für einen freien Willen. Alle Vorgänge folgen physikalischen Gesetzmäßigkeiten und sind determiniert oder zufällig. Ein freier Wille lässt sich physikalisch – also auch biologisch oder chemisch – weder feststellen noch überhaupt erst definieren. Es gibt daher auch kein Subjekt, kein „Ich" im eigentlichen Sinne, sondern nur ein mehr oder weniger kohärentes neuronales Gebilde. Der Mensch wähnt sich zwar frei und als persönliche Einheit, aber seine Gefühle und Eindrücke steuern ihn unbewusst wie das Programm eines Computers.

Weil es eine Entscheidungsfreiheit dergestalt nicht gibt, dass eine echte Wahl zwischen zwei Alternativen möglich wäre, ist auch die Rede von moralisch-ethischem Handeln ein soziales Konstrukt. Dem Einzelnen scheint es zwar so, als habe er frei und souverän gehandelt, doch in Wirklichkeit hat die Entscheidung – bedingt durch die äußeren und inneren Umstände – längst festgestanden, auch wenn die Komplexität dieses Prozesses von außen noch nicht nachvollziehbar ist. Abgesehen davon gibt es kein „Gut" und „Böse" im herkömmlichen Sinne. Was gut und schlecht ist, legen die Menschen gegenseitig fest und sie ändern es im Laufe der Geschichte so, wie auch religiöse Wahrheiten stets im Wandel sind. Moral und Religion sind daher subjektiv wahr, also für die jeweilige Person, die etwas für wahr hält, nicht jedoch in einem objektiven Sinn. In den Weiten des Alls findet sich kein „Gut" oder „Schlecht", das sich aus irgendwelchen Quantenzuständen zusammensetzen würde, es gibt daher auch kein Gewissen, das solche Erkenntnisse erlangen könnte.

Letztendlich kann man einen Menschen auch nicht für seine Handlungen verurteilen, weil er nicht frei handeln konnte und auch gar keine Alternativen für ihn bestanden haben. Das heißt, dass es eine echte Schuld im Sinne einer Verantwortung nicht gibt, auch wenn Gerichte meinen, eine solche feststellen zu können. Weil der Mensch im Grunde nichts anderes darstellt als ein Lebewesen mit einem sehr komplexen, aber neurologisch festgelegten Gehirnapparat, ist der Vergleich mit einem Biocomputer gerechtfertigt, auch wenn die technischen Möglichkeiten eines Nachbaus noch sehr bescheiden sind. Was der künstlichen Intelligenz jedoch genauso wenig zukommt wie dem homo sapiens, *sind spezielle Rechte, gar Menschenrechte oder eine besondere Menschenwürde. Diese Eigenschaften werden zwar von vielen Personen gefordert und untereinander als existent und achtenswert bestätigt. In der Realität handelt es sich freilich um soziale Konstrukte und Absprachen ohne Bezug zur physikalischen Wirklichkeit der Welt.*

In Wahrheit ist der Mensch der kurzzeitige Bewohner eines unbedeutenden Planeten am Rande der Milchstraße, der für einen kurzen Moment sein Dasein fristet und dann wieder vom Angesicht der Erde in der Bedeutungslosigkeit verschwindet. Ihn erwarten kein Fortleben im Jenseits und keine Gottheit, die ihn tröstet. Seine gesamte Existenz ist von Zufall und Notwendigkeit determiniert und ohne Sinn, so wie auch das Weltall keine wie auch immer geartete Bedeutung in sich trägt."

Die Aufklärung über die Wirklichkeit mag desillusionierend sein, das werden die Vertreter des positivistischen Weltbilds gerne einräumen, aber es gebe eben keine andere vernünftige Alternative, werden sie sagen.

Genau dieses Weltbild ist es, das als Paradigma, das heißt als grundsätzliche Denkweise, alle anderen religiösen und philosophischen Beschreibungen der Welt abgelöst hat, und seit der Mitte des 20. Jahrhunderts auf dem Weg ist, zur vorherrschenden Lehrmeinung auf allen Wissenschaftsgebieten zu werden.

Mittlerweile ist sie auch im Alltag der Menschen angekommen und gilt in Diskussionen als aufgeklärte und wissenschaftliche Sicht auf die Welt. Weil sich der Positivismus auch in seiner populären Version mit dem Nimbus von Wissenschaftlichkeit und Objektivität umgibt und sich im Dienste von Vernunft und Aufklärung, ja als wahrer Humanismus wähnt, findet er auch in Fachkreisen zunehmend Anhänger. Selbst auf dem Gebiet der Rechtsprechung hat er sich bereits Gehör verschafft: So ist in Justizkreisen schon vor geraumer Zeit die Legitimität von Urteilen und Strafen in Frage gestellt worden, mit der Begründung, dass die Betroffenen ja niemals frei waren, sich für oder gegen die ihnen vorgeworfene Tat zu entscheiden. Wo kein freier Wille, da auch keine Schuld.

Obwohl also das positivistische Weltbild seit Langem Einzug hält und seine Umrisse gut zu erkennen sind, findet der Vorgang wenig Beachtung. Die Bedeutung und die revolutionären Folgen dieser Entwicklung – sowohl für den Einzelnen als auch für die Gesellschaft – werden weitgehend ausgeblendet, wenn nicht verdrängt. Offenbar versucht man so den Konsequenzen zu entkommen, die sich aus einer materialistischen Perspektive ergeben. Friedrich Nietzsche hat diese Situation schon zum Ende des 19. Jahrhunderts kommen sehen und in einem Aphorismus angedeutet. In der Erzählung vom tollen Menschen, lässt er diesen auf einem Marktplatz den Tod Gottes verkünden:

„Gott ist tot! Gott bleibt tot! Und wir haben ihn getötet!
(...)
Dies ungeheure Ereignis ist noch unterwegs und wandert – es ist noch nicht bis zu den Ohren der Menschen gedrungen. Blitz und Donner brauchen Zeit, das Licht der Gestirne braucht Zeit, Taten brauchen Zeit, auch nachdem sie getan sind, um gesehen und gehört zu werden. Diese Tat ist ihnen immer noch ferner als die fernsten Gestirne - und doch haben sie dieselbe getan!"[49]

Vor dem Hintergrund dieses schleichenden, fast unbemerkten Umsichgreifens des Positivismus hat Benedikt XVI. im Deutschen Bundestag gemahnt:

„[25]*Wo die alleinige Herrschaft der positivistischen Vernunft gilt – und das ist in unserem öffentlichen Bewußtsein weithin der Fall –, da sind die klassischen Erkenntnisquellen für Ethos und Recht außer Kraft gesetzt.* [26]*Dies ist eine dramatische Situation, die alle angeht und über die eine öffentliche Diskussion notwendig ist, zu der dringend einzuladen eine wesentliche Absicht dieser Rede bildet. "*[50]

---

[49] *Die fröhliche Wissenschaft* – Aphorismus 125 (Nietzsche, 1965, 141).
[50] BT III,25-26.

V. Die *ganze Weite der Vernunft*: Der Exodus aus Positopia

„Was ist das für eine Wirklichkeit, in der wir leben?" – Diese Frage, die existenzielle Gretchenfrage des Lebens, war der Ausgangspunkt eines langen Weges, der von den Anfängen des Denkens bis zur Gegenwart geführt hat. Dabei geht der Trend auf vielen Wissenschaftsgebieten, aber auch in der öffentlichen Diskussion hin zu einem positivistischen Weltbild, das vom Erkenntnisideal der Naturwissenschaften ausgeht, wie es Benedikt in seiner *Regensburger Rede* diagnostiziert hat:

[22]Nur die im Zusammenspiel von Mathematik und Empirie sich ergebende Form von Gewißheit gestattet es, von Wissenschaftlichkeit zu sprechen. [23]Was Wissenschaft sein will, muß sich diesem Maßstab stellen. [24]So versuchten dann auch die auf die menschlichen Dinge bezogenen Wissenschaften wie Geschichte, Psychologie, Soziologie, Philosophie, sich diesem Kanon von Wissenschaftlichkeit anzunähern."[51]

Dieser Entwicklung sind freilich nicht alle Naturwissenschaftler und erst recht nicht die Geisteswissenschaften gefolgt. Im Gegenteil: Von den griechischen Naturphilosophen bis zu den Kern- und Astrophysikern unserer Tage haben sich bedeutende Forscher gegen das positivistische Paradigma gewandt. Grundsätzliche Bedenken gibt es seit jeher aus den Bereichen der Philosophie und der Theologie. Der Grund liegt auf der Hand:

Das positivistische Paradigma bedeutet die *„selbstverfügte Beschränkung der Vernunft auf das im Experiment Falsifizierbare"[52]* und damit *„eine[] Verkürzung des Radius von Wissenschaft und Vernunft, die in Frage gestellt werden muß."[53]* Wenn alles, was sich nicht direkt beobachten und testen lässt, bereits unwissenschaftlich ist und nur für die jeweilige Person wahr, bedeutsam und wertvoll, dann leidet der gesamte Ansatz an einem verengten Blickwinkel. Die Welt ist jedoch mehr, als sich durch die positivistische Brille zeigt. Sie muss zuallererst abgenommen werden, damit sich die Wirklichkeit in ihrer ganzen

---

[51] RR VI,22-24. Benedikt verweist an dieser Stelle (RR VI,25) auf die Folgen des Paradigmas für die religiöse Perspektive: *„Wichtig für unsere Überlegungen ist aber noch, daß die Methode als solche die Gottesfrage ausschließt und sie als unwissenschaftliche oder vorwissenschaftliche Frage erscheinen läßt."*
[52] RR VIII,8b.
[53] RR VI,26.

49

Fülle zeigen kann. Auch und gerade das wissenschaftliche Denken muss der *„Vernunft ihre ganze Weite wieder eröffnen."[54]*

Die sieben Plagen von Positopia

Der Aufruf Benedikts richtete sich an die Vertreter der Wissenschaften, die seinerzeit im *Auditorium Maximum* der Regensburger Universität versammelt waren. Der Philosophie als Fundamentalwissenschaft, der auch die Voraussetzungen und Grundlagen aller anderen Disziplinen anvertraut sind, galt diese Botschaft in ganz besonderer Weise.

Den Architekten von Positopia schwebte eine Landschaft vor, die alle Wirklichkeit umfassen sollte und dabei durch wissenschaftliche Theorien beschrieben wird, die sich am Ideal der Naturwissenschaften mit Experiment und Beobachtung orientieren. Das damit konstruierte Weltbild erinnert allerdings in fataler Weise an das ptolemäische mit der Erde im Mittelpunkt, das sich bis ins späte Mittelalter gehalten und die Weite der Welt außer Acht gelassen hatte. Tatsächlich haben wir es heute mit einer physikozentrischen Weltanschauung zu tun, die sich wachsender Beliebtheit erfreut, aber der Wirklichkeit zu enge Grenzen setzt. Der Positivismus gleicht einem Fass, das undicht geworden ist, weil es für den hineingegebenen Inhalt zu eng gebaut ist. Positopia leidet an Krankheiten, die den biblischen Plagen in nichts nachstehen.

1. Plage – Physik als Philosophie

Der Reiz des materialistischen Weltbilds beruht auf zwei großen Errungenschaften, die sehr häufig mit ihm in Verbindung gebracht werden:

Einmal ist es der wissenschaftliche und technische Fortschritt, der letztlich zu einem unbestreitbaren Wohlstand in allen Bereichen des Lebens geführt hat und hoffentlich auch weiterhin führen wird. Allein die bisherigen Erfolge sprechen in jeder Hinsicht für den Weg der Naturwissenschaften, in denen wiederum der Positivismus zu wurzeln scheint.
Auf der anderen Seite steht das Interesse an einem aufgeklärten Verständnis der Natur, das ohne die empirischen Wissenschaften niemals erreicht worden wäre. Um nämlich die Natur begreifen zu können, muss man sie beobachten, vermessen, berechnen. usw. – kurz: auf vielfältige Weise systematisch

---

[54] RR VIII,8b. Benedikt plädiert an dieser Stelle (RR VIII,17) explizit für eine Öffnung gegenüber den *„großen Erfahrungen und Einsichten der religiösen Traditionen der Menschheit, besonders aber des christlichen Glaubens... ".*

erforschen. Mathematik und Physik liefern dafür die Werkzeuge und sind so der Königsweg zu einem Verständnis vieler Vorgänge in unserer Welt, was auch kaum jemand bestreiten wird.

Diese Auffassung markiert den Beginn des europäischen Zeitalters der Erfindungen und Entdeckungen. Schon Galileo Galilei war überzeugt: *„Das Buch der Natur ist in mathematischer Sprache verfaßt, und die Buchstaben sind Dreiecke, Kreise und andere geometrische Figuren."*[55]

Niemand will zurück in eine Welt, in der bestimmte Erscheinungen einer religiösen Erklärung vorbehalten waren und es tabu war, andere Beschreibungen auch nur anzudenken. Tatsächlich hat der wissenschaftliche Fortschritt dazu geführt, dass immer mehr Bereiche, die einst als rätselhaft und unerklärlich galten, einer plausiblen Erklärung zugeführt wurden, angefangen mit Blitz und Donner. Da liegt es zunächst nahe, Wissenschaft als einen Prozess zu verstehen, der allmählich das Denken der Menschen von religiösen Dogmen befreit und bisher unverstandene Sachverhalte aufdeckt – Aufklärung in einem positiven Sinne.

Mit der grundsätzlich berechtigten Hoffnung in das Erklärungspotenzial der modernen Naturwissenschaften wurde aber übersehen, dass der Radius ihrer Möglichkeiten nicht unbegrenzt ist, und dass die Wirklichkeit möglicherweise umfassender ist, als die naturwissenschaftlichen Instrumente und Ansätze es sind. Die grundsätzliche Bescheidenheit, die ein Forscher an seine Fähigkeiten herantragen sollte, ist durch die Euphorie über die vermeintliche Erklärbarkeit der ganzen Welt abhandengekommen. Der schon zitierte Ausspruch David Lewis' über die rein physikalische Natur aller Dinge[56] kann beispielhaft dafür stehen. Dennoch: Auch in einem sehr weitreichend erforschbaren Universum könnten letztlich Phänomene verbleiben, die sich einer Erklärung widersetzen.
Ein häufig verbreiteter Fehler ist jedoch die Annahme, der Positivismus sei eine mathematisch-physikalische Theorie, die sich wie von selbst aus der naturwissenschaftlichen Forschung ergebe. Hier liegt aber ein fundamentaler Fehlschluss vor:
Denn der Zuständigkeitsbereich der Naturwissenschaften liegt – vereinfacht gesagt – in der Beschreibung, Vermessung und experimentellen Erforschung eben der Natur, wie sie sich dem Wissenschaftler zeigt. Seine Theorien, Modelle oder Prognosen betreffen stets Abläufe in der Natur – also alles, was im Universum in irgendeiner Weise zugänglich ist.

---

[55] Zit. n. Kunzmann, 1992, 95 – dortige Abkürzungen wurden aufgelöst.
[56] Vgl. Lewis, 1983, 361.

Die positivistische These, dass die gesamte Wirklichkeit nichts anderes ist, als was im Universum durch physikalische Methoden erfassbar ist, ist aber keine mathematische oder physikalische Theorie, sondern eine philosophische. Diese hat im Lauf der Geschichte vielfältige Namen und Facetten angenommen – *Materialismus, logischer Empirismus, Behaviorismus* in der Verhaltensforschung, usw. – und behauptet einen Zustand der Welt, der sich als übergeordnete Theorie gerade *nicht* mathematisch-physikalisch nachweisen lässt. Mag sein, dass der Erfolg der Naturwissenschaften viele Menschen dazu verleitet anzunehmen, dass die Welt nichts anderes sein kann, als eine Ansammlung physikalischer Tatsachen. Diese Annahme hängt jedoch als philosophische Behauptung in der Luft und wird keineswegs durch die Naturwissenschaften bestätigt: Sie *kann* auf diese Weise gar nicht bestätigt werden, weil sie außerhalb ihres Forschungsbereichs liegt. Die Physik erforscht die Vorgänge *innerhalb* der Welt, die Philosophie spricht *über* die Welt.

2. Plage: Die Büchse der Positopier

Die Vertreter des Positivismus haben ein Gefäß geöffnet, das an eine alte griechische Sage erinnert. Ihr zufolge bekam Pandora, die erste von Zeus erschaffene Frau, eine Büchse, die sie den Menschen schenken sollte, mit der Auflage, sie nicht zu öffnen. Es kam jedoch, wie es kommen musste: Pandoras Neugier war zu groß, und als sie selbst das Gefäß öffnete, entwichen daraus alle Untugenden, Laster und Übel der Welt.

Eine ganz ähnliche Wirkung entfaltet die Büchse, die als das größte Heiligtum im Tempel von Positopia steht: Der allumfassende Positivismus. Hätten sich dessen Vertreter darauf geeinigt, dass es nur sehr viele, vielleicht nur annähernd alle Ereignisse im Universum sind, die sich restlos als physikalische Erscheinungen mit Ursache und Wirkung und mit Ausnahme zufälliger Ereignisse erklären lassen, ja, hätten sie wenigstens dem Menschen ein winziges Stück Autonomie und freien Willen zugestanden, dann wäre diese Büchse verschlossen geblieben. Man hätte weiterhin über viele Bereiche der Physik, der Biologie oder der Verhaltensforschung diskutieren können – vielleicht mit unterschiedlichem Ergebnis. Jetzt aber ist jede Diskussion sinnlos geworden, denn eine Diskussion im eigentlichen Sinne gibt es nicht mehr. Der Grund liegt in der positivistischen Auffassung von menschlicher Kommunikation.

Im üblichen Sinne meint eine Diskussion, dass Personen, die unterschiedlicher Meinung sind, sich freiwillig über ihre Argumente austauschen und – wenn sie völlig offen sind – dabei versuchen, der Wahrheit ein Stück näher zu kommen Im Idealfall hängt das Ergebnis von überzeugenden Begründungen und von

Belegen ab, die die Beteiligten ohne äußeren Zwang akzeptieren oder auch nicht. Auch die Vertreter des Positivismus beteiligen sich in dieser Weise am wissenschaftlichen Diskurs, ohne die Ernsthaftigkeit des Gedankenaustauschs in irgendeiner Weise in Frage zu stellen. Genau das aber widerspricht dem positivistischen Weltbild in fundamentaler Weise: Dort hat die Kommunikation von Lebewesen nicht ein individuelles Ziel, und schon gar nicht das Ziel, eine irgendwie geartete Wahrheit zu ermitteln. Jegliche Kommunikation wird von einem hochkomplexen neuronalen System gesteuert, einer quasi biologischen Software, die das gesamte Verhalten und selbst Lernprozesse durch Rückkoppelungsmechanismen steuert. Anders als es den Betroffenen bewusst wird, sind alle Äußerungen, Gedanken und Gefühle durch Gehirnaktivitäten gesteuert, auch wenn sie wie freie Akte eines Individuums erscheinen. Das letztliche Ziel des Organismus´ sind die Anpassung und das Überleben in seiner Umgebung. Schon während die Vertreter des Positivismus die Wahrheit ihres Weltbilds behaupten, in welchem der Mensch von biologischen Programmen unwissentlich fremdgesteuert wird, verhalten sie sich so, als würde genau dies vielleicht auf alle anderen, nur nicht auf sie selbst und schon gar nicht in diesem Augenblick und auf diese ihre Positivismusthese zutreffen. Wer aber behauptet, alle menschlichen Sprechakte hätten nichts mit irgendeiner Wahrheit in der und über die Welt zu tun, der widerspricht sich mit diesem Satz selbst. Letzten Endes zerstört das Virus des Positivismus jede Form persönlicher oder wissenschaftlicher Wahrheitssuche, weil der Mensch nur als Verhaltensautomat ohne Willensfreiheit gilt, dessen Handlungen verursacht werden, statt selbst zu verursachen. Abseits zweckdienlichen Problemlösens und situationsbedingten Lernens dürfte es eigentlich keine autonomen, kreativen oder abstrakten geistigen Leistungen geben, wie wir sie aber gerade in den Wissenschaften beobachten.

So wendet sich nicht nur die Widersprüchlichkeit der positivistischen These, sondern auch das alltägliche bewusste Denken und Verhalten der Menschen gegen das materialistische Weltbild. Wo immer aber die Büchse der Positopier geöffnet ist, da zerstört sie zuerst ihre eigenen Grundlagen.

3. Plage: Grenzüberschreitungen

Wo die Physik an ihre Grenzen kommt, da wird auch das positivistische Weltbild fraglich. Zwar sind sich deren Verfechter einig, dass es in ferner Zukunft zu einer Lösung der verbliebenen Fragen kommen wird oder wenigstens kommen könnte[57], aber diesen Optimismus muss man nicht teilen.

Schon die Suche nach der Weltformel hält seit vielen Jahrzehnten an, ohne dass sich ein Durchbruch abzeichnen würde, der dem der Einstein'schen Relativitätstheorie vergleichbar wäre. Dieser Mangel lässt sich freilich mit Gelassenheit ertragen. Drängender erscheinen die gegenwärtigen Erklärungsnöte der Astrophysik. Um die Bewegung der Galaxien verstehen zu können, muss eine *Dunkle Materie* angenommen werden, die dafür sorgt, dass die kosmischen Gebilde bei der Rotation nicht einfach auseinanderfallen. Immerhin soll die geheimnisvolle Masse, über deren Zusammensetzung nur spekuliert werden kann, den größten Anteil an Materie im Universum haben. Da sich ihre Schwerkraft nachweisen lässt, wird man von einem physikalischen Effekt ausgehen dürfen, von dem nur nicht sicher ist, ob und wann man ihn erklären kann.[58]

Deutlich rätselhafter und uns in jeder Hinsicht naheliegender ist die Entstehung des Lebens auf der Erde. Nach der gängigen Evolutionstheorie steht am Anfang eine Zelle, die immerhin die Eigenschaft besessen haben muss, einen minimalen Stoffwechsel zu betreiben und sich durch Teilung zu vermehren. Aus diesem Organismus soll sich dann in einer langen Ahnenreihe alles Leben entwickelt haben.

Zwar sind die Grundbausteine des Lebens hinlänglich bekannt, doch der Prozess, wie es sich erstmals gebildet haben könnte, liegt im Dunkeln. Fraglich ist dabei weniger, ob die notwendigen Molekülverbindungen hier auf der Erde entstanden oder etwa von einem Kometen gebracht worden sind. Unerklärlich ist vielmehr, wie sich ein relativ komplexes Gebilde wie eine Zelle quasi von selbst zusammenbauen konnte. In der Mitte des vergangenen Jahrhunderts hat man daher versucht, durch eine „Ursuppe" im Labor die Bedingungen in den frühen Urmeeren der Erde nachzustellen. In der von den Chemikern Miller und Urey konstruierten Versuchsanordnung konnten zwar Bausteine des Lebens erzeugt werden, die Bildung selbst eines ganz primitiven Organismus' ist jedoch nicht erfolgt. Dass er sich *zufällig* aus einfachen Molekülen zusammengesetzt hat, hat der Physiker Fred Hoyle mit der Wahrscheinlichkeit verglichen, dass *„ein Tornado, der über einen Schrottplatz hinwegrast, aus den dort lagernden Materialien eine Boeing 747 zusammenbläst".*[59]

---

[57] Carnap (1998, 254) betont in diesem Sinne, *„es gibt keine Frage, deren Beantwortung für die Wissenschaft grundsätzlich unmöglich wäre."*

[58] Einen seinerzeit aktuellen Einblick in dieses Thema hat Trefil (1993) mit dem bezeichnenden Titel gegeben: *„Fünf Gründe, warum es die Welt nicht geben kann".*

[59] Zit. n. Shapiro, 1987, 137.

Die Unwahrscheinlichkeit der Entstehung von Leben lässt sich auch in der Sprache der Biologie ausdrücken: *„Selbst die kleinsten katalytisch wirksamen Proteinmoleküle der lebenden Zelle bestehen aus wenigstens einhundert Aminosäureresten und besitzen damit bereits über 10^{130} Sequenzalternativen [d.h. verschiedene genetisch mögliche Baupläne, Anm. d. Autors]. Da sich nach den Gesetzen der Physik und Chemie keine der Sequenzalternativen bevorzugt bildet, wird sich unter Gleichgewichtsbedingungen immer eine beliebige Gleichverteilung der makromolekularen Sequenzen einstellen, wobei der Erwartungswert für ein informationstragendes Makromolekül praktisch null ist. Im Rahmen der traditionellen Physik und Chemie bleibt die Existenz lebender Systeme offenbar ein Rätsel."[60]*

Die Wahrscheinlichkeit, dass das Leben zufällig entstanden ist, geht bereits gegen Null. Möglicherweise hätte aber selbst das einmalige Entstehen eines primitiven Organismus´ nicht ausgereicht, um die Evolution sicher in Gang zu setzen. Die Lebensumwelt jenes abgespeckten Bakteriums war alles andere als lebensfreundlich, so dass die kleine Urzelle womöglich schon bald zugrunde gegangen wäre. Das Leben hätte sich vielleicht mehrmals bilden müssen, und dies jeweils per Zufall.

Schon früh hat daher der Biologe Adolf Portmann festgestellt: *„Die hohe Unwahrscheinlichkeit des zufälligen Entstehens so geordneter Verhältnisse führt die Biologen zur Zurückhaltung gegenüber jenen Theorien, welche durch die stetige Häufung immer neuer Mutationen die Entstehung der organismischen Mannigfaltigkeit erklären wollen... Das heißt aber zugleich, daß wir andere Faktoren am Werke vermuten, unbekannte Wirkweisen, die sich vorderhand unserer Beobachtung entziehen."[61]*

Die Positivisten haben an dieser Stelle nur ihren großen Optimismus zu bieten, um dann darauf zu hoffen, dass der Tag schon noch kommen werde, an dem sich die heutigen Rätsel aufklären ließen. Irgendwie müsse sich das Leben doch gebildet haben – schließlich sei es ja vorhanden.
Allerdings wird dabei übersehen, dass selbst ein Modell, das eines Tages ein bestimmtes Geschehen erklären kann, nicht unbedingt das Modell sein muss, das es am Ende richtig erklärt. Möglicherweise gibt es Alternativen, die mathematisch vielleicht weniger elegant scheinen, die aber vielleicht näher an der Wirklichkeit liegen. Ein Anspruch auf die Schönheit einer Formel oder eines Modells ist nirgends festgeschrieben.

---

[60] Vgl. Küppers, 1986, 89.
[61] Vgl. Portmann, 1955, 111-112.

Zu den tatsächlich offenen Fragen, die keine physikalische Theorie je erfassen können wird, gehört die Frage nach dem Ursprung und dem Sinn des Universums, und diese Frage ist keineswegs erst mit den Fortschritten der Astrophysik aufgekommen, sondern im Grunde uralt. Ganz gleich ob man der heute gängigen *Big-Bang*-Theorie folgt oder einen anderen Entwicklungsprozess für das All ins Auge fasst: Stets bleibt die Frage, wie jenes ins Dasein gerufen worden ist. Und damit ist nicht nur die Materie gemeint, die den Kosmos füllt oder sich schlagartig in ihm ausbreitet, dazu gehören auch die Gesetzmäßigkeiten, die in ihm gelten. Wie schon der Philosoph und Dichter Lukrez feststellte, ist es so, dass *„aus Nichts nichts wird"*[62] und selbst was zufällig entsteht, braucht eine Spielwiese, auf der sich der Zufall zeigen kann.

Zwar gibt es Forscher, die wie der Physiker Davies überlegen, ob *„das Universum so ist, wie es ist, weil es eine* unausweichliche *Folge logischer Notwendigkeit ist"*[63] Aber diese Vermutung betrifft nur den inneren Aufbau des Alls. Und so fragt Hawking im Hinblick auf die noch unentdeckte Weltformel: *„Ist die einheitliche Theorie so zwingend, daß sie diese Existenz [i.e. des Universums, Anm. d. Verf.] herbeizwingt?"*[64] Wohl kaum, denn er betont zugleich:

„Auch wenn nur eine *einheitliche Theorie möglich ist, so wäre sie doch nur ein System von Regeln und Gleichungen. Wer bläst den Gleichungen den Odem ein und erschafft ihnen ein Universum, das sie beschreiben können?"*[65]

Die letzten Fragen nach der Wirklichkeit sind philosophischer Natur. Selbstverständlich sind auch und gerade Physiker eingeladen, sich ihnen zu stellen und ihre Perspektive zu erläutern. Am Ende verweisen die Fragen nach dem Ursprung, Ziel und Sinn des Weltganzen auf eine Wirklichkeit außerhalb der physikalisch erforschbaren Welt. Sie aber liegt jenseits von Positopia.

4. Plage: Die Auflösung des Denkens

Zu den größten und meist unhinterfragten Selbstverständlichkeiten im Leben zählte bislang die Freiheit des eigenen Denkens und Wollens. Niemand, auch der Positivist nicht, nimmt sich als fremdgesteuert wahr. Die Autonomie des menschlichen Geistes hat allerdings ein entscheidendes Problem: Sie widerspricht allen physikalischen Theorien, wonach das menschliche Bewusstsein mit seinem Gehirn identisch ist, das den Gesetzen von Ursache und

---

[62] Lukrez: Von der Natur der Dinge II, 287 (1960, 55).
[63] Davies, 1989, 285.
[64] Hawking, 1989, 217.
[65] Ebd.

Wirkung folgt. Lässt man Zufälle im (sub)atomaren Bereich einmal außer Acht, dann könnte der *Laplace'sche Dämon* im Prinzip das Verhalten eines Menschen für ein ganzes Leben vorhersehen. So lautet wenigstens die Annahme des Positivisten.

Mit der „Büchse der Positopier" wurde schon angedeutet, dass selbst die Verteidiger eines rein materialistischen Bewusstseinsmodells sich so verhalten, als ob es auf sie selbst nicht zuträfe. Daneben stellen auch die äußerst abstrakten und philosophisch verzweigten Diskussionen, zu denen Menschen in der Lage sind, das „Software-Modell" des Bewusstseins in Frage. Ab einer gewissen Komplexitätsstufe sollte man erwarten, dass die Unterhaltung selbst aus dem Ruder gerät, weil die beiden (oder gar mehrere) beteiligten neuronalen Systeme inhaltlich nicht mehr folgen können. Ein Kommunikationssystem dieser Art würde vielleicht irgendwelche rückkoppelnden Sprechakte liefern, aber sie würden nicht mehr aufeinander Bezug nehmen und irgendwann vielleicht abbrechen. Abgesehen davon gehen den „gesteuerten" Sprechakten im Positivismus zuerst oder gleichzeitig „gesteuerte" Gedanken voraus, die ab einem zu hohen Niveau ebenfalls ins Sinnlose entgleisen müssten. Auch wenn es der Einzelne nicht spürt: Was er denkt wird „gedacht", was er spricht, sagt der biologische Apparat. Ein Individuum, ein unabhängiges *Ich* existiert nur als Illusion.

Diese Annahmen erweisen sich in der Praxis jedoch als folgenloses Konstrukt: Selbst die komplexesten Sachverhalte werden seit erdenklichen Zeiten ohne die erwartbaren Ausfälle erörtert, wobei gerade ein frei denkendes Subjekt – das *Ich* – konstitutiv für den hohen Reflexionsgrad der philosophischen Leistung ist. Auf jeden Fall widerspricht der Positivismus allen einschlägigen Erfahrungen in der alltäglichen Praxis wie in der Wissenschaft.

Ein weiterer, weit augenscheinlicher Widerspruch tut sich bei den Inhalten des Bewusstseins auf, die es im streng positivistischen Sinne eigentlich nicht geben kann. In einem Nervensystem lassen sich allein elektrische Ladungen und chemische Prozesse feststellen, nicht aber Gefühle, Schmerzen oder Empfindungen. Diese Eindrücke sprengen den engen Rahmen des naturwissenschaftlichen Weltbilds, etwa beim Sehvorgang:
Je nach Beschaffenheit der Oberfläche ist die Frequenz des abgestrahlten Lichtes anders, d.h. sind seine Wellen länger oder kürzer. Dieses trifft nun auf die Sinneszellen der Netzhaut des Auges. Die elektromagnetische Strahlung wird dort von den sogenannten Stäbchen (für hell–dunkel) und Zapfen (für Farbe) aufgenommen und in einem komplizierten chemischen Vorgang in elektrische Ströme verwandelt. Jene gelangen über Nervenbahnen ins Gehirn und rufen bestimmte – messbare – Reaktionen hervor. Fast zeitgleich nimmt der betroffene

Mensch die Empfindung einer bestimmten Farbe wahr. Die Empfindung *im Bewusstsein* ist allerdings von einer völlig anderen Qualität als die Reaktion auf der Ebene der Nervenzellen. Noch drastischer zeigt sich der Unterschied bei der Wahrnehmung von Schmerzen. Im neuronalen Netzwerk lassen sich vielleicht elektrochemische Zustände feststellen, doch diese selbst *sind* noch keine Schmerzen. Die negativen Empfindungen im Bewusstsein werden unzweifelhaft von körperlichen Reaktionen begleitet – den neurophysiologischen Korrelaten –, aber beide Wirklichkeitsebenen sind von unterschiedlicher Art und sie werden in jeweils unterschiedlicher Weise beschrieben. Keine der beiden lässt sich auf die andere *reduzieren*, also zurückführen – sie passen nicht zueinander, wie auch der Verhaltensforscher Konrad Lorenz feststellt:

„Ich glaube daß diese Kluft [zwischen Leib und Seele] nicht nur etwa für den heutigen Stand unseres Wissens unüberbrückbar ist. Selbst eine utopische Zunahme unserer Kenntnisse würde uns der Lösung des Leib-Seele-Problems nicht näherbringen. Die Eigengesetzlichkeiten des Erlebens können grundsätzlich nicht aus chemisch-physikalischen Gesetzen und aus der wenn auch noch so komplexen Struktur der neurophysiologischen Organisation erklärt werden."[66]

Hoimar von Ditfurth lokalisiert den Geist jenseits der physikalischen Welt:

Die Evolution erschließt ihren Geschöpfen immer weitere Bereiche der Transzendenz... Das Psychische.... [, das] sich aus den Gesetzen unserer materiellen Wirklichkeit auf keinerlei Weise ableiten läßt, könnte dadurch zustande kommen, daß die Evolution es fertiggebracht hat, unser Gehirn auf einen Entwicklungsstand zu bringen, der in ihm einen ersten Reflex des Geistes einer jenseitigen Welt entstehen läßt.[67]

In neuerer Zeit hat Thomas Nagel diese Einschätzung wiederholt:

„Wenn wir ... weiter ein einheitliches Weltbild anstreben, dann werden wir, denke ich, den Materialismus hinter uns lassen müssen. Bewusste Subjekte und ihr mentales Leben sind unausweichlich Bestandteile der Wirklichkeit und von den physikalischen Wissenschaften nicht beschreibbar."[68]

---

[66] Lorenz, 1973, 227 – Soweit es bei höher entwickelten Tierarten ähnliche Bewusstseinsregungen gibt, die etwa Farb- oder Schmerzempfinden zum Inhalt haben, gilt das Leib-Seele-Problem in gleicher Weise, ohne dass deswegen Tiere automatisch vermenschlicht werden müssten.
[67] Ditfurth, 1981, 274-275.
[68] Nagel, 2014, 64. – Er sieht die Frage des Bewusstseins dabei in einer Reihe mit der ungeklärten Entstehung von Leben, der transzendenten Natur des Geistes sowie objektiven Werten und der Vernunft – (2014, 125). Nagels Konzept einer säkularen teleologischen Lösung, bei der die Entwicklung von Leben oder Bewusstsein quasi im Universum als innewohnendes Ziel

Insgesamt zeigen die verschiedenen Erfahrungen und Leistungen des menschlichen Geistes, dass er sich nicht, wie im Positivismus behauptet, als ein bloß physikalischer Prozess beschreiben lässt. Das Bewusstsein des Menschen sprengt die Grenzen des streng naturwissenschaftlichen Weltbilds und verweist auf eine andere Wirklichkeit, die uns wenigstens ansatzweise zugänglich ist.

5. Plage: Das Gift des Relativismus

Der Ursprung der fünften positopischen Plage betrifft einen wichtigen Aspekt des menschlichen Zusammenlebens: Die Gültigkeit moralisch-ethischer Normen. Auf der politischen Ebene sind es die Volksvertreter, die einen rechtlichen Rahmen schaffen müssen, aber im Alltag betrifft die Frage des richtigen Handelns jeden Einzelnen. Soweit die herkömmliche Auffassung.

Das positivistische Weltbild bedeutet eine radikale Umkehr: Der Mensch verhält sich demnach ausschließlich so, wie seine neuronale Steuerung es ihm diktiert, und diese wiederum speist sich aus Quellen, auf die der Einzelne keinen Einfluss hat. Ein Teil des Erlebens und Verhaltens ist erblich vorgegeben und der andere beruht auf der Erfahrung, die den Menschen im Laufe seines Lebens prägt und die von außen auf ihn einwirkt.

Weil die Entscheidungen des Einzelnen nicht einem freien Willen entsprechen, sondern vorgegeben sind, kann er gar nicht zwischen verschiedenen Handlungsalternativen wählen. Moral und Ethik ohne eine Entscheidungsfreiheit sind aber sinnlos.

Aus positivistischer Sicht muss noch weiteres Inventar aus diesem Bereich entsorgt werden. An erster Stelle steht das Gewissen des Individuums, das nun nichts anderes meint als die Vorschriften und Einstellungen, die im Gehirn gespeichert sind und die von Freud dem *Über-Ich* zugeordnet worden sind. Tatsächlich erhält der Positivismus an dieser Stelle Schützenhilfe aus der modernen Psychologie.

Nach Ansicht des Psychoanalytikers Erich Fromm beruht die Ethik in Wirklichkeit „*auf dem Prinzip: 'gut' ist das, was für den Menschen gut ist, und 'böse', was ihm schadet. Das Wohl des Menschen ist das einzige Kriterium für ethische Werte*"[69]. Dies gilt auch für einen Menschen, der mit scheinbar großer Selbstlosigkeit zugunsten anderer handelt. Seine Uneigennützigkeit ist nach

---

festgeschrieben ist, wird ohne einen *Creator Spiritus* schwer auskommen. Säkulare Theorien sind ohne Kausalitätsprinzip kaum vorstellbar.

[69] Fromm, 1980, 26. Die von ihm so bezeichnete „*humanistische Ethik …. beruht auf dem Prinzip, dass nur der Mensch Tugend und Sünde bestimmen kann, niemals aber eine Autorität, die ihn transzendiert*", wie er an selbiger Stelle schreibt.

dieser psychologischen Deutung durch einen Instinkt oder durch Erziehung vorgegeben und damit ein Teil seines eigenen Interesses geworden.

Wenn aber „gut" und „böse" vom jeweiligen Menschen abhängen, dann ist das Gute selbst stets relativ. Dieser Relativismus ist nun eine ganz wesentliche Folge des positivistischen Menschenbilds. Jede Person entscheidet demnach selbst, was gut und schlecht ist. Entscheiden mehrere Menschen (also: deren psychische Programme), dass bestimmte Handlungen als gut oder schlecht ausgezeichnet werden sollen, dann sind sie in diesem Sinne „gut". Darüber hinaus lassen sich Handlungen nicht als gut oder schlecht bezeichnen, weil sie *als solche weder gut noch schlecht sein können.* Dementsprechend ist auch die Annahme eines Gewissens, das den einzelnen auf moralisch Werte oder Pflichten aufmerksam macht, völlig sinnlos. Nirgends im Universum gibt es Gut oder Böse, Werte, Rechte oder Pflichten und auch die Begriffe Moral und Ethik sind allenfalls als Umschreibung für menschliche Wünsche brauchbar.

Der hier skizzierte Relativismus ist, wenn er ernst genommen wird, ein erhebliches Problem für das Zusammenleben der Menschen, weil ihnen dann ein echtes Fundament fehlt und immer gerade das als richtig gilt, was aktuell von einer Mehrheit befürwortet wird. Darauf hat auch Benedikt im Deutschen Bundestag hingewiesen. Zwar könne in „[25]*einem Großteil der rechtlich zu regelnden Materien ... die Mehrheit ein genügendes Kriterium sein.* [26]*Aber daß in den Grundfragen des Rechts, in denen es um die Würde des Menschen und der Menschheit geht, das Mehrheitsprinzip nicht ausreicht, ist offenkundig."*[70]

Denn die bloße Orientierung an mehrheitlicher Zustimmung könne auch „[13]*den Weg auftun für die Verfälschung des Rechts, für die Zerstörung der Gerechtigkeit.* [14]*„Nimm das Recht weg – was ist dann ein Staat auch anderes als eine große Räuberbande",* hat der heilige Augustinus einmal gesagt."*[71] Das Recht steht hier als Begriff für eine tatsächlich, also objektiv bestehende Wertordnung, im Gegensatz zur positivistischen Konzeption.

In diesem Zusammenhang verweist Benedikt auf Hans Kelsen, der den Positivismus im Bereich des Rechts vertreten hat und als bedeutendster Rechtspositivist des 20. Jahrhunderts gilt:

„[21]*Wenn man die Natur – mit den Worten von H. Kelsen – als „ein Aggregat von als Ursache und Wirkung miteinander verbundener Seinstatsachen" ansieht, dann kann aus ihr in der Tat keine irgendwie geartete ethische Weisung*

---

[70] BT II,25-26.
[71] BT II,13-14.

hervorgehen. [22] *Ein positivistischer Naturbegriff, der die Natur rein funktional versteht, so wie die Naturwissenschaft sie erkennt, kann keine Brücke zu Ethos und Recht herstellen, sondern wiederum nur funktionale Antworten hervorrufen.* [23] *Das gleiche gilt aber auch für die Vernunft in einem positivistischen, weithin als allein wissenschaftlich angesehenen Verständnis.* [24] *Was nicht verifizierbar oder falsifizierbar ist, gehört danach nicht in den Bereich der Vernunft im strengen Sinn. Deshalb müssen Ethos und Religion dem Raum des Subjektiven zugewiesen werden und fallen aus dem Bereich der Vernunft im strengen Sinn des Wortes heraus.* [25] *Wo die alleinige Herrschaft der positivistischen Vernunft gilt – und das ist in unserem öffentlichen Bewußtsein weithin der Fall –, da sind die klassischen Erkenntnisquellen für Ethos und Recht außer Kraft gesetzt.* [26] *Dies ist eine dramatische Situation, die alle angeht und über die eine öffentliche Diskussion notwendig ist, zu der dringend einzuladen eine wesentliche Absicht dieser Rede bildet."* [72]

In der Bundesrepublik, dem Heimatland des Papstes, steht die unantastbare Menschenwürde an erster Stelle der Verfassung. Im positivistischen Sinne kann es eine solche nicht geben, weil sie nirgends nachweisbar ist. Kein Lebewesen kann eine besondere Würde für sich reklamieren, weil schließlich alle aus demselben Stammbaum der Arten hervorgegangen sind. So spricht der Philosoph Singer beispielsweise von *„nichtmenschlichen Tieren"* [73], um zu verdeutlichen, dass er den Menschen auch in ethischer Hinsicht nicht herausheben will. Der moralische Relativismus ist heute schon zu einem gewissen Grad in der Gesellschaft angekommen. Allerdings liegt der Grund dafür weniger in einer bewussten Annahme des positivistischen Paradigmas als vielmehr in der Beobachtung, dass in anderen Kulturkreisen ganz offensichtlich andere moralische Vorstellungen herrschen. Der überwiegende Teil der Menschen würde sich wohl weiterhin zur Würde des Individuums und zu unverletzlichen

---

[72] BT III,21-26 – In diesem Zusammenhang taucht immer wieder die strenge Trennung zwischen „Sein und Sollen" auf, die Kelsen gefordert hat. Moralische Aussagen – das „Sollen" – könnten aus dem bloßen „Sein" der Natur nicht folgen. Man könne gewissermaßen *in der Welt* keine ethischen Regeln finden, weil diese ja dem subjektiven Empfinden der Menschen entsprängen, die etwas für richtig oder falsch hielten, und sich sonst wissenschaftlich nicht feststellen ließen. Der moralische Realismus und die Naturrechtslehre stellen dagegen fest, dass es in der Natur, also in der Wirklichkeit selbst eine Werteordnung gibt, jenes *Recht*, das der Mensch auch erkennen kann.

[73] Singer, 1994, 104. Die Unterscheidung zwischen Mensch und Tier wird dabei als Speziezismus kritisiert. Lorenz: betont aber: *„...moralische Verantwortung ist nicht nur eine Verpflichtung, sondern ein Privileg des Menschen, das keinem Tier zusteht"* (1977, 109). Singer muss am Ende zugeben, dass seine auf Präferenzen, d.h. auf Interessen basierende Ethik keine innere Kraft hat: *„Auf die Frage „Warum moralisch handeln?" lässt sich keine Antwort geben, die jedem überwältigende Gründe für moralisches Handeln liefert"* (a. a. O., 423). Er offenbart zugleich eine völlig verkürzte Auffassung von Vernunft: *„Moralisch nicht vertretbares Verhalten ist nicht immer unvernünftig."*

Menschenrechten bekennen. Dazu aber muss der Positivismus aufgegeben werden.

Wenn die Würde des Menschen und seine Rechte ernst genommen werden sollen, dann müssen sie auch als Realitäten in der Wirklichkeit aufgefasst werden. Freilich lassen sich Werte und Pflichten nicht mit den Mitteln der Physik untersuchen, aber ganz offensichtlich finden sie einen Weg in unser Bewusstsein, in jenen Geist, von dem bereits die Rede war, dass er eine Realität berührt, die jenseits des ohnehin zu engen positivistischen Weltbilds liegt.
Ein ganz deutliches Argument für einen so genannten moralischen Realismus (im Gegensatz zum Relativismus) liegt darin, dass überall und zu allen Zeiten Moral in diesem Sinne verstanden wurde: Als ein Maßstab zur Orientierung für den Menschen, der aber selbst nicht vom Menschen gemacht wurde. Natürlich ist unbestreitbar, dass junge Menschen in der Erziehung erst mit den moralischen Regeln vertraut gemacht werden müssen, bevor sie diese selbst anwenden und – was entscheidend ist – auch hinterfragen dürfen. Das bedeutet aber nicht, dass die vermittelte Werthaltung nichts anderes als ein soziales Konstrukt wäre.

In der Realität zeigt sich, dass der beobachtbare moralische Relativismus Grenzen hat. So gibt es Verhaltensweisen, die in allen Kulturen ähnlich betrachtet werden: Mord, Raub und Gewalt gegen Unschuldige gelten überall als verwerflich, Ehrlichkeit, Aufrichtigkeit und Tapferkeit allerorts als Tugenden. Tatsächlich können sich gerade aufgeklärte und entwickelte Staaten auf ein relativ breites Wertefundament einigen, wie sie in den Menschenrechtserklärungen vielfältig zum Ausdruck kommt.

Der Positivismus stellt dem Menschen eine ganz praktische Gretchenfrage: Wie hältst du´s mit der Moral? Eine Entscheidung für das materialistische Modell bedeutet den Abschied vom Menschen als einem Subjekt mit Würde, Rechten und Pflichten. Es hieße die Idee vom Menschen, die seit Jahrtausenden aktiv gelebt wird, für obsolet zu erklären und das Individuum durch ein verhaltensbiologisch gesteuertes Objekt zu ersetzen.

Die jahrtausendealte Erfahrung des Menschen mit moralisch-ethischen Fragen darf an dieser Stelle nicht beiseitegeschoben werden. Auch die lange Bewährung eines Modells in der Praxis sagt etwas über die Welt aus. Wenn der Positivismus sich diesen Einsichten verschließt, verschließt er sich zugleich der Wirklichkeit in ihrer ganzen Weite. Das aber ist von jeher seine Schwäche.

6. Plage: Verkümmerte Wirklichkeiten

Moralische Erfahrungen überschreiten die Grenzen der gewöhnlichen Wahrnehmung, weshalb sie auf Positopia nur mit Zurückweisung rechnen können. Doch gibt es Erlebnisse, deren Inhalt noch weiter auf eine andere – transzendente – Wirklichkeit zu verweisen scheint und die man deshalb als Transzendenzerfahrungen bezeichnen kann. Oft ist auch von mystischen Erlebnissen die Rede, nicht selten in religiösen Traditionen.

Strittig ist nun nicht, dass solche Begebenheiten berichtet werden, strittig ist allein ihr Status. Im positivistischen Weltbild ist von vorneherein ausgeschlossen, dass die Sinneswahrnehmungen eines Lebewesens über seine physisch vorhandenen, biologisch vererbten Sinnesorgane hinausgehen. Schon deshalb konnte es bei Gewissen und Moral keine Ausnahme geben. Dabei geht es bei ethischen Fragen noch um die Beurteilung eines ganz konkreten Verhaltens im Alltag und um nichts Außergewöhnliches.

Mit dem Konkreten ist es bei vielen mystischen Erfahrungen nicht weit her – im Gegenteil: Den Schilderungen zufolge ist das Erlebte oft kaum in Worte zu fassen, das Wahrgenommene allenfalls zu umschreiben, und die Gefühle sind alles andere als irdischer Natur. – Dass hier nicht nur Positivisten ins Zweifeln kommen, liegt nahe. Wo die einen vielleicht noch eine fromme Dichtung mit wahrem Kern angenommen haben, haben andere gleich eine bloß erfundene Geschichte vermutet. Gerade wenn solche Begebenheiten lange zurückliegen und in einem religiösen Umfeld berichtet werden, ist eine gewisse Skepsis nicht zu verdenken. So scheint es zunächst schwierig, allein mit Hilfe dieser Erlebnisse das positivistische Weltbild ins Wanken bringen zu wollen.

Transzendenzerfahrungen sind nun im letzten Drittel des 20. Jahrhunderts erneut in den Mittelpunkt eines breiten Interesses gerückt. Dieses Mal allerdings in einem ganz und gar weltlichen Zusammenhang, an dem die moderne Wissenschaft nicht unbeteiligt war: In den 70er Jahren entdeckte der amerikanische Arzt und Philosoph Raymond A. Moody eine bis dato kaum erforschte Art von Erlebnissen, die so genannten Nahtod-Erfahrungen.[74] Ihr Bekanntwerden im klinischen Umfeld hat ihren Namen geprägt, obwohl diese keineswegs nur im Grenzbereich zum Tod auftreten. Auffällig wurden sie jedoch unter anderem bei Patienten mit Herzstillstand oder bei reanimierten Personen, die zuvor bereits klinisch tot waren. So hat die moderne Medizin einen erheblichen Beitrag zur Entdeckung der außergewöhnlichen Erfahrungen geleistet, weil diese nun mit ihrem typischen Inhalt bekannt wurden.

---

[74] Raymund A. Moody: *Leben nach dem Tod. Die Erforschung einer unerklärten Erfahrung.*

63

Üblicherweise werden derlei Berichte als Drogenerlebnisse, Halluzinationen oder Traumzustände behandelt, weil sie sich durch ihren persönlich geprägten Inhalt stark unterscheiden und niemand auf den Gedanken käme, das Geschilderte für real zu halten.

Bei Nahtoderfahrungen zeigt sich allerdings eine vergleichbare Grundstruktur des Erlebten: So berichten die betroffenen Personen in großer Übereinstimmung von der Loslösung vom Körper und dessen Betrachtung aus der Ferne, von der Durchquerung eines Durchgangsstadiums – bekannt als der sprichwörtliche Tunnel mit einem Licht an dessen Ende – und von außergewöhnlichen Landschaften, die sich schwer in Worte fassen lassen. Zu den außergewöhnlichsten Momenten gehört das Antreffen von verstorbenen Angehörigen, die Rückschau auf das bisherige Leben und die Begegnung mit einem Lichtwesen, dessen Beschreibung nicht selten religiöse Züge trägt.

Obwohl die Berichte selbst von den bisherigen Lebenserfahrungen geprägt sind und daher eine je nach Kultur andere „Färbung" aufweisen, so lassen sich doch gemeinsame Grundstrukturen erkennen, die dann wie die Stationen einer Jenseitsreise wirken. Und genau diese strukturelle Übereinstimmung ist es auch, die sich im Rahmen eines positivistischen Weltbilds nicht erklären lässt. Weder als psychische noch als biologische, also genetisch bedingte Verhaltensweisen passen sie in die gängige Evolutionstheorie: Die Erfahrungen sind zu viel selten und die vermeintlich vorteilhaften Auswirkungen solcher Erlebnisse im Rahmen des biologischen Entwicklungsmodells unplausibel. Schon deshalb liegt es nahe, hinter den persönlichen Schilderungen einen realen Kern anzunehmen, der sich letzten Endes aber einem genaueren Blick entzieht.

An dieser Stelle zeigen sich nun deutliche Gemeinsamkeiten mit mystischen Erfahrungen, wie sie aus verschiedenen Zeiten und Kulturen überliefert sind, so dass nach einer eingehenden Untersuchung[75] es naheliegt, insgesamt von Transzendenzerfahrungen zu sprechen. Ohne die Vielfalt des Erlebten oder die Authentizitätsproblematik im Einzelfall übergehen zu wollen, zeigt sich in der Gesamtperspektive doch eine äußerst beeindruckende Fähigkeit des Menschen zu Erfahrungen, die jenseits des positivistischen Weltbilds liegen und dabei zentrale Sinnfragen in ihrem Inhalt berühren.

7. Plage: Die Schizophrenie der Positopier

Die letzte Plage der Positopier zielt wieder auf die Enge ihres philosophischen Horizonts, den sie in diesem Fall auch besonders schmerzlich spüren. Wieder

---

[75] Eine umfangreiche Darstellung findet sich bei Högl, 2006.

sind es Gefühle und Empfindungen, die weit über das streng naturwissenschaftliche Weltbild hinausweisen, weswegen die gegensätzlichen Positionen nicht neu sind und daher auch nicht der Wiederholung bedürfen. Aber wieder stellt sich der hiesigen materialistischen Erklärung die einschlägige Erfahrung quer durch die Menschheitsgeschichte entgegen.

Den Ausgangspunkt bilden – wie im Bereich der Ethik – Werte, die der Mensch in seine Erfahrung aufnimmt, doch in diesem Fall geht es um Ästhetik: Um die Schönheit in Musik, Literatur, Kunst, in der Natur oder wo immer sich der Eindruck des auf seine Weise Wertvollen bemerkbar macht. Eine abschließende Auflistung aller Bereiche, in denen ästhetische Erfahrungen denkbar sind, ist schon wegen der unterschiedlichen ästhetischen Geschmäcker der Menschen kaum möglich, die sich auch auf immer neue Bereiche erstrecken können.

Für den Positivisten steht das Urteil über diese besondere Art der Empfindung bereits von Anfang an fest. Es muss sich um eine positive Stimmung handeln, die einer Anregung bestimmter Gehirnareale entspringt. Gewiss ist dieser Vorgang komplexer und die Eindrücke sind auch feiner und differenzierter als solche, die bei der Erfüllung eher grundsätzlicher körperlicher Bedürfnisse auftreten. Doch es bleibt dabei: Selbst der größte ästhetische Genuss ist eine banale biochemische Reaktion des Körpers, das vermeintliche Hochgefühl nur eine neuronale Angelegenheit, und die künstlerischen Werke ganzer Epochen ein bedeutungsloses Abfall an der Straße der Evolution.
Was für Gemälde und Bauwerke, Sinfonien oder Gedichte gilt, findet seine Entsprechung in der Natur. Der Blick vom Gipfel eines Berges oder in den abendlichen Sternenhimmel kann ästhetisch ähnlich reizvoll sein wie Flora und Fauna überhaupt. So ist es auch verständlich, dass sich der Gedanke an einen Schöpfer bzw. einen heiligen Ursprung all dieser Dinge und Erscheinungen in den religiösen Traditionen der Menschheit findet.
Parallel dazu gibt es die Idee eines göttlichen Funkens, der einem Künstler innewohnt und ihn mit quasi transzendenter Inspiration ans Werk gehen lässt. Seine Kreativität speist sich gewissermaßen aus einer übernatürlichen Quelle. Der „göttliche Funke", der kreative und intuitive Geist des Menschen, der sich moralischen und ästhetischen Werten zuwendet, umkreist auch die Sinnfragen der Welt, oft mehr fragend als ahnend. Doch Transzendenz kann sich auch jenseits mystischer Erfahrung zeigen.

Aus all diesen Quellen kann und will der Positivist im Grunde genommen nicht schöpfen, weil es sich dabei doch um rein physikalische Ereignisse handeln muss. Er kann keine echte und tiefgreifende ehrliche Freude an der Schönheit dieser Welt haben, weil sie ihn in jedem Augenblick daran erinnern müsste, dass es sich um eine Illusion seines Geistes, genauer um die Produktion seines

Gehirns handelt, an der nichts Zauberhaftes, Wertvolles oder gar Transzendentes sein *kann*. Der göttliche Funke ist für Positopier eine Fata Morgana, die zu entlarven das Ziel aller Wissenschaft sein muss.

Weil sich die Vertreter des real existierenden Positivismus aber in ihrem täglichen Leben kaum von anderen Menschen unterscheiden, bilden sie eine eigenartige Krankheit aus: eine Schizophrenie, die ihre Persönlichkeit spaltet in einen Theoretiker des Materialismus, der sich über die Belanglosigkeit irdischer Empfindungen aufgeklärt wähnt und einen Praktiker, der sich an den Dingen des Lebens in höchst authentischer Weise erfreut. Anders als bei einer echten Spaltung der Persönlichkeit weiß beim Positivisten der Theoretiker vom Praktiker, aber beide lassen sich nichts anmerken. Und doch geht am Ende ein Riss durch die Person als Ganzes, der jedes moralische, ästhetische, kreative oder intuitive Erlebnis von einer unbarmherzig wütenden Skepsis verbaut ist.

Positopia, das verheißene Paradies konsequenter Aufklärung, zeigt sich in letzter Konsequenz als geist- und freudlose Ödnis. Die Welt ist auf ihre physikalischen Funktionen zusammengeschrumpft, jenseits derer es nichts geben darf, der Mensch eine zeitweilige Erscheinung ohne Sinn und Geist. Seine Zukunft liegt in der Vergänglichkeit, seine Gegenwart in einem willenlosen Funktionieren, gesteuert von Zufällen und Notwendigkeiten. An der Oberfläche auftretende Illusionen von Transzendenz sind nichts weiter als ein sinnloses Flackern in den Tiefen eines Nervensystems.

Hoffnung aber gibt die Tatsache, dass die Einwohner des Eilands sich ganz offensichtlich selbst nicht an ihr Weltbild gewöhnen mögen, und das trifft keineswegs nur auf jene Zeitgenossen zu, die ihre materialistische Perspektive aus Wissenschaftsmagazinen und –sendungen erbaut haben. Selbst eingefleischte Positivisten demonstrieren für Menschenrechte, setzen sich für politische Anliegen ein und führen Diskussionen, als ob sie einen Geist frei von jeglicher neuronaler Determiniertheit besäßen. Sie erfreuen sich des Lebens und planen ihre Zukunft, als ob sie eines Tages Rechenschaft ablegen müssten und nicht, als ob am Ende alles sinnlos wäre. Ihre Freude ist echt, ihre Trauer ist echt, ihr moralisches Gespür in keiner Wiese getrübt. Es ist der tiefsitzende Glaube an die Richtigkeit ihrer Position, die gleich einer Ideologie Besitz von ihnen ergriffen hat. Doch die Fleischtöpfe des Positivismus sättigen nur auf den ersten Blick, langfristig bedeuten sie eine Mangelernährung, die dringend behoben werden muss.

VI. Der Blick von Nebo

Der Auszug aus Positopia ist am Ende unausweichlich. Zu schwer wiegen die Gründe, die gegen einen weiteren Verbleib im selbst gewählten Exil sprechen. Die Abkehr vom streng naturwissenschaftlichen Weltbild hinterlässt jedoch vielfach eine Leere, die sich als Unsicherheit bemerkbar macht. Sie einzugestehen, ist kein Zeichen von Schwäche, sondern der erste Schritt bei der Suche nach einem erweiterten, dabei aber vernunftgeleiteten Blick auf die Wirklichkeit.

Einer der frühen Bewohner Positopias, der dieses Eiland verlassen hat, ist Heinrich Faust, der in die Jahre gekommene Gelehrte, der den Dingen in ihrem innersten Wesen auf den Grund gehen wollte. Sein rückblickendes Urteil steht am Anfang der Handlung:[76]

> *Da steh ich nun, ich armer Tor!*
> *Und bin so klug als wie zuvor; ....*
>
> *Und sehe, dass wir nichts wissen können!*
> *Das will mir schier das Herz verbrennen.*

Das Eingeständnis des fehlenden Wissens, das Bewusstwerden, dass die gewonnenen Erkenntnisse gering und unscheinbar sind, kennzeichnet die Überwindung des alten Wissenschaftsverständnisses. Die Worte erinnern an einen weithin bekannten Spruch, der Sokrates zugeschrieben wird: *„Ich weiß, dass ich nicht weiß "*.
Während Faust beklagt „nichts" zu wissen, geht es Sokrates um die Möglichkeit überhaupt etwas so zu erkennen, dass man von *wissen* sprechen kann. Ungeachtet des unterschiedlichen Blickwinkels steht am Schluss der Zweifel an der letztendlichen Erkennbarkeit der Welt. Diese Skepsis gegenüber einem Verstehen der Wirklichkeit – in der Philosophie als Agnostizismus bekannt – ist allemal redlicher als der Rückgriff auf einen unreflektierten Positivismus. Wer diesem Weg folgt, bleibt wenigstens offen für zukünftige Entwicklungen und kann eine endgültige Festlegung vermeiden.

---

[76] Faust I, V. 358-359; 364-365.

Die Abkehr vom Positivismus hat allerdings meist gute Gründe, Gründe, die nun bei einem erweiterten Blick auf die Wirklichkeit helfen könnten. Der Exodus muss nicht ohne Ziel bleiben.

Im Alten Testament ist es der Prophet Mose, der sein Volk aus der ägyptischen Gefangenschaft befreit. Sein Auszug führt zunächst in die Wüste und von dort ins Gelobte Land. Vom Berg Nebo aus überblickt er noch die Weite der Landschaft, bevor er stirbt. Sie zu betreten bleibt ihm jedoch versagt.
Die Situation des Menschen ist ganz ähnlich. Es mag gelingen, sich von den Fesseln eines Weltbilds, einer Ideologie zu befreien und nach einem neuen Weg zu suchen. Mag auch der Zugang zu einer letztendlichen und sicheren Wahrheit verschlossen bleiben, so bleibt doch das Ziel, wenigstens eine Stelle zu finden, die einen ganz entfernten Ausblick auf die Weite der Wirklichkeit ermöglicht. Die erste Frage ist die des richtigen Weges, wie sie Benedikt im Bundestag angestoßen hat:

„[8][W]ie geht das? [9]Wie finden wir in die Weite, ins Ganze? [10]Wie kann die Vernunft wieder ihre Größe finden, ohne ins Irrationale abzugleiten? [11]Wie kann die Natur wieder in ihrer wahren Tiefe, in ihrem Anspruch und mit ihrer Weisung erscheinen?"[77]

Die Hinweise des Papstes vor den Abgeordneten sind auf deren Sinn für Recht und Unrecht zugeschnitten. Eine allgemeine Antwort findet sich in der Regensburger Rede mit dem Aufruf, „die selbstverfügte Beschränkung der Vernunft auf das im Experiment Falsifizierbare [zu] überwinden und der Vernunft ihre ganze Weite wieder [zu] eröffnen."[78]

Dieser erste Schritt besteht in einer Abkehr von der Enge des Positivismus. Benedikt weiter:

„In der westlichen Welt herrscht weithin die Meinung, allein die positivistische Vernunft und die ihr zugehörigen Formen der Philosophie seien universal. Aber von den tief religiösen Kulturen der Welt wird gerade dieser Ausschluß des Göttlichen aus der Universalität der Vernunft als Verstoß gegen ihre innersten Überzeugungen angesehen. Eine Vernunft, die dem Göttlichen gegenüber taub ist und Religion in den Bereich der Subkulturen abdrängt, ist unfähig zum Dialog der Kulturen."[79]

---

[77] BT IV,8-11.
[78] RR VIII,8b.
[79] RR VIII,11-13.

Der vom Papst geforderte Einschluss des „Göttlichen" ist trotz des religiösen Klangs dieses Ausdrucks zunächst nicht im Sinne eines konkreten Bekenntnisses gemeint. Schließlich ist nicht von einer bestimmten Glaubensrichtung die Rede, sondern von den *„tief religiösen Kulturen der Welt"*, was zunächst eine ganz allgemeine Feststellung bedeutet.

Tatsächlich ist die von Benedikt geforderte Offenheit eine Voraussetzung für jegliche Form von Religiosität, und das Göttliche könnte in diesem Zusammenhang durch den etwas weiteren Begriff der Transzendenz ersetzt werden. In einem erweiterten Bild der Wirklichkeit muss sie ihren Platz finden.

Der Blick von Nebo

Der Weg auf die Anhöhe von Nebo ist mühsam und langwierig, die Geschichte der Philosophie ein einziger Pilgerzug auf diesen Gipfel. Den Blick in die Weite der Landschaft trüben manche Nebelschwaden, so dass sich die Beobachtungen der verschiedenen Betrachter in den Einzelheiten oftmals nicht gleichen. Und doch zeichnen sich einige grobe Umrisse ab, die der erweiterte Blick auf die Landschaft der Wirklichkeit freigibt:

1. Die naturwissenschaftlich zugängliche Welt stellt nur einen Ausschnitt der gesamten Wirklichkeit dar.

Ihre Beschaffenheit ist Gegenstand verschiedener Disziplinen, deren Erfolg sich seit Jahrhunderten in einer immer weiter fortschreitenden Aufklärung über die Abläufe im Universum zeigt. Zwar hält die Diskussion zahlreicher Grundfragen an, aber es ist denkbar, dass sich sehr viele Aspekte lösen lassen, so dass die Antworten und Modelle nach langer Zeit der Bewährung eines Tages so nahe an der Wirklichkeit liegen, dass man mit Recht annehmen darf, sie seien wahr.[80]
Für Aussagen über den Sinn und Verlauf des Weltganzen fehlen konkrete Beobachtungen und Instrumente. Es verbleibt allein das Werkzeug der Vernunft, um die Wirklichkeit in einem weiteren Sinne zu ergründen. Existenzielle Grundfragen dieser Art weisen über das naturwissenschaftliche Weltbild hinaus und sind von daher für die empirischen Disziplinen nicht greifbar. Sie sind jedoch deshalb nicht sinnlos, im Gegenteil: Die fundamentalen Fragen über die Wirklichkeit als solche finden seit jeher ihren Niederschlag in den philosophischen und religiösen Traditionen der Menschheit.

---

[80] Gerade *„[a]lte Theorien sind aus guten Gründen alt geworden. Sie sind robust und flexibel. Sie weisen eine geradezu unheimliche Übereinstimmung mit der Wirklichkeit auf. Vielleicht sind sie sogar wahr"* (Horgan, 1997, 223).

2. Die menschliche Natur erschöpft sich nicht in biologischen Funktionen, der Geist des Menschen verweist auf eine transzendente Wirklichkeit.

Schon das Bewusstsein und die damit zusammenhängenden Sinneseindrücke offenbaren das Rätsel von Gehirn und Geist, das in der Philosophie als Leib-Seele-Problem bekannt ist. Neben der neuronalen Seite zeichnet sich hier eine andere, transzendente Ebene ab, in die das Individuum gleichsam eintaucht. In dieser wie auch immer „jenseitigen" Wirklichkeit – im Sinne von wissenschaftlich nicht greifbar – finden moralische und ästhetische Werte ihren Anker, sind mystische, intuitive und andere transzendente Erfahrungen zu suchen. Die Erklärungsansätze des Positivismus scheitern hier an der Enge seines Weltbilds.

Während die Sozial- und Humanwissenschaften sehr wohl in der Lage sind, die gesellschaftlichen Folgen dieses Erlebens zu greifen und zu systematisieren, fehlt ihnen wie der Naturwissenschaft der direkte Zugriff auf das Geschehen. Auch der Betroffene selbst weiß oft nicht, wie ihm geschieht, was sich auch in der Schwierigkeit zeigt, das Erlebte in Begriffe zu fassen. Erscheinen die mystischen und transzendenten Erfahrungen wie ein Einblick in fremde, jenseitige Welten, so werden die moralischen und ästhetischen Werte eher wie ein Wegweiser wahrgenommen, der eine Orientierung im diesseitigen täglichen Leben bietet.

3. Der letzte Urgrund der Welt erschöpft sich nicht in Materie und Naturgesetzen. Schon das Wesen des Menschen verweist auf einen höheren Sinn und einen transzendenten Urgrund.

Die Existenz von Werten und Pflichten, von Intuition, Kreativität und Transzendenz bedeutet nicht nur das gelegentliche Überschreiten eines etwas zu engen materialistischen Weltbilds. Es bedeutet vielmehr, dass die ganze Weite der Wirklichkeit eine Struktur aufweist, die einen größeren Zusammenhang vermuten lässt. Werte und Pflichten existieren ja nicht für sich, und eine mystische Erfahrung ist nicht bloß eine Theatervorführung für Grenzsituationen. Schon Kant hat betont, dass ein Mensch, der moralischen Forderungen folgt, einer jenseitigen Existenz würdig wird[81]. In diese Richtung deuten auch die Transzendenzerfahrungen in den verschiedenen Kulturen aller Zeiten. Das Schicksal des Menschen überwindet damit die Enge des positivistischen Grabmals.

---

[81] Kant (1979, 823) spricht davon, dass der Mensch *„der Glückseligkeit würdig"* wird und setzt zugleich *„eine höchste Vernunft, die nach moralischen Gesetzen gebietet"*, d.h. die Existenz Gottes voraus.

Für das Weltganze stellt sich ebenfalls die Frage von Sinn und Zusammenhang, nur jeweils auf einer höheren Ebene. Was hat es mit der Welt, mit dem Menschen und mit all den transzendenten Aspekten der Wirklichkeit auf sich? Wo ist der letzte Sinn und Urgrund allen Seins? Physikalische und selbst philosophische Antworten erweisen sich schnell als unzureichend, Vergleiche und Analogieschlüsse erscheinen dürftig. Muss nicht ein letztes Sinn stiftendes Urprinzip angenommen werden, *„eine schöpferische Vernunft, ein[ ] Creator Spiritus"*[82], wie Benedikt vor den Abgeordneten des Deutschen Bundestags gefragt hat? Der göttliche Funke im Menschen verweist auf ein göttliches Feuer, auf einen transzendenten Urgrund, der auch die *„Welt im Innersten zusammenhält"*.[83]

Rückblick

Im Grunde genommen hängen alle Bereiche der Wirklichkeit, die hier in drei Aspekte aufgegliedert wurden, von jener philosophischen Gretchenfrage ab, die da lautet: Gibt es mehr, als die Naturwissenschaft erforschen und beschreiben kann? Gibt es Dinge, die außerhalb des positivistischen Weltbilds liegen?

Der Streit darüber ist bei den griechischen Naturphilosophen erkennbar, begonnen hat er vielleicht schon viel früher. Auf der einen Seite stehen jene, die einen rein materiellen Aufbau der Welt vermuten und damit Positivisten sind, lange bevor die Bezeichnung überhaupt bekannt war. Auf der anderen Seite stehen jene, die eine breitere Wirklichkeit annehmen, etwa eine Seele, Willensfreiheit, echte Werte, ein Jenseits oder Gott.

Der philosophische Urkonflikt hatte sich mit der Ablösung von der religiösen Tradition, zunächst in der griechischen Antike, aber später auch anderorts gebildet und sich bis auf den heutigen Tag verschärft. Angesichts des wissenschaftlichen Fortschritts schien der Siegeszug des Positivismus lange Zeit unabwendbar. Nun beginnt die Realität ihn langsam einzuholen.

Denn es reicht ein einziges Phänomen, das die Grenzen des materialistischen Paradigmas übersteigt, um den Positivismus als Weltanschauung zum Einsturz zu bringen.[84] Wenn ein Aspekt aber zeigt, dass die Wirklichkeit weiter ist, als

---

[82] BT V,9.
[83] So Faust in Vers 383.
[84] Thomas S. Kuhn, der den Begriff des Paradigmas geprägt hat, beschreibt, wie Anomalien innerhalb eines Paradigmas jenes zum Einsturz bringen können (1997, 79-95). Die Gründe gegen das positivistische Paradigma sind zwar keine solchen Anomalien, *„auf welches das Paradigma den*

gedacht, dann muss insgesamt eine völlig neue Sicht auf die Welt angestoßen werden. Angesichts des Unvermögens, das Weltganze und die Erfahrungen des Menschen in ihm plausibel zu erklären, hätte der Anspruch des Positivismus längst zurückgewiesen werden müssen. Er stellt eine Ideologie dar, die auch der Lebenspraxis der Menschen widerspricht.

Selbst überzeugte Positivisten schätzen die Schönheit der Kunst und der Natur, sie orientieren sich an Wertmaßstäben und sind mitunter politisch aktiv. Sie behandeln wissenschaftliche Thesen als echte Wahrheiten und verhalten sich wie autonome Subjekte mit freiem Willen, kreativem Geist und großer wissenschaftlicher Intuition. In aller Heimlichkeit spüren sie, dass sie selbst ebenso wenig einer rein neuronalen Steuerung unterliegen wie der Rest der Menschheit.

Natürlich kann nur jemand, der selbst von einer größeren Weite der Vernunft überzeugt ist, auch von dieser Weite sprechen. Wer allerdings von einer Reduzierbarkeit menschlicher Geistestätigkeit auf Gehirnfunktionen ausgeht, der kann die Rede von Vernunft, noch dazu von der weiten Vernunft, nur als einen ins Übersinnliche und Illusionäre überdehnten Begriff betrachten, der den menschlichen Verstand lediglich positiv auszeichnen soll. Entsprechend groß ist das Beharren, *„der von Papst Benedikt kritisierten Selbstbeschränkung der Vernunft zu folgen".*[85]

Tatsächlich bleibt es schwierig, die Vernunft mit Begriffen zu umschreiben, die nicht in irgendeiner Weise falsch oder einseitig verstanden werden können. Auf der einen Seite ist sie *„mehr als der aus den Sinnen abstrahierende und ansonsten ohne diese Grundlage leer und machtlos bleibende Verstand"*[86]: Die Vernunft ist vielmehr ein umfassendes Ganzes von ganz eigener Art, eine Einheit dessen, was das geistige Wesen des Menschen in all seinen Potenzialen und Dimensionen ausmacht. Sie ist die letzte Instanz aller Urteile im Sinne eines sich selbst intuitiv begründenden Grundes: Die Vernunft muss entscheiden, was vernünftig ist.

In dieser Bestimmung bedeutet Vernunft ganz selbstverständlich die *ganze Weite der Vernunft*, die es nach Benedikt wieder zu eröffnen gilt. Eine der ganzen Weite beraubte Vernunft ist letztlich keine mehr.

Forscher nicht vorbereitet" (86), eben weil sie seit langer Zeit bekannt sind und nicht plötzlich auftreten. An ihrer Wirkung kann das aber nichts ändern.

[85] Busse/Rott, 2007, 98.

[86] Bonk , 2007, 81.

Der Appell Benedikts

Der Aufruf Benedikts, der *„Vernunft ihre ganze Weite wieder [zu] eröffnen"*[87] ist zunächst ein Appell ohne inhaltliche Forderung gewesen. Vorausgesetzt wird lediglich *„ein hörendes Herz"*[88], wie im Bundestag die Bitte Salomos zitiert wurde, also die Offenheit gegenüber Erfahrungen und Einsichten, denen sich die Vernunft früher noch geöffnet hat. Als Theologe und Philosoph war es dem Papst ein großes Anliegen, auf die Verdienste der Aufklärung und der Wissenschaften hinzuweisen, dabei aber zu betonen, dass die Ideologisierung des naturwissenschaftlichen Ansatzes im Positivismus einen – nicht-religiösen – Fundamentalismus darstellt, der die menschliche Vernunft seiner Weite beraubt und neben wissenschaftstheoretischen auch moralisch-ethische und existenzielle Konsequenzen für den Einzelnen wie für die gesamte Gesellschaft hat. Der Appell zu einer dringenden Diskussion spiegelt daher die große Sorge Benedikts wider. Seine Aufgabe ist es freilich nicht, Konferenzen zu philosophischen Grundlagen einzuberufen, die der christliche Glaube bereits voraussetzt. Hierzu ist die Verantwortung der gesamten Gesellschaft und der Philosophie im Speziellen gefordert.

Nach einem kurzen Blick in die Philosophiegeschichte sowie auf das positivistische Weltbild hat sich gezeigt, dass es in der Tat an der Zeit ist, der Vernunft wieder ihre ganze Weite zu öffnen. Dabei wird deutlich, dass die meisten Menschen in der Praxis intuitiv von einer größeren Weite der Wirklichkeit ausgehen, als es der Materialismus gestattet. Sie begreifen sich als autonome Subjekte mit freiem Willen, eigener Würde und eigenen Rechten und leben nach jenen Werten, die sie zu erkennen glauben. Während diese Aspekte einer weiteren Wirklichkeit unhinterfragt sind, weil sie als weltliche Werte angesehen werden, werden die Fragen nach der Existenz Gottes sowie einem jenseitigen Leben skeptisch betrachtet, weil sie einem unaufgeklärten, weil religiösen Weltbild zu entspringen scheinen.

Dieses Missverständnis ist weit verbreitet. Unser Blick auf das Weltbild jenseits des Positivismus hat jedoch gezeigt, dass sich die Fragen nach einem jenseitigen Leben sowie nach einem göttlichen Urgrund ganz von selbst stellen, sobald man erst von einer größeren Weite der Wirklichkeit und damit von einer Transzendenz von Mensch und Welt ausgeht.

Diese Schlussfolgerungen sind keine Glaubensfragen, die man teilen mag oder nicht. Vielmehr waren sie das Resultat vernünftiger Überlegungen, wie sie in der

---

[87] RR VIII,8b.
[88] BT II,7.

Philosophie beheimatet sein sollten. Die Frage nach einem Leben jenseits des Todes und einem wie auch immer zu verstehenden göttlichen oder heiligen Ursprung stellt sich keineswegs nur im Rahmen einer religiösen Tradition. Sie stellt sich auch und gerade einer Philosophie, die sich der ganzen Weite ihrer Vernunft verpflichtet weiß. Darauf eindringlich hinzuweisen ist Benedikts philosophisches Verdienst.

VII. Religion und Philosophie: Die Wege der Vernunft

Gegen Ende seiner Regensburger Rede, die sich auch dem Verhältnis von Glaube und Vernunft, von Religion und Wissenschaft widmete, warb Benedikt dafür, dass „[8a]*Vernunft und Glaube auf neue Weise zueinanderfinden;* „[b]...*[dass] wir die selbstverfügte Beschränkung der Vernunft auf das im Experiment Falsifizierbare überwinden und der Vernunft ihre ganze Weite wieder eröffnen.*"[89]

Die Beschränkung auf die positivistische Sicht ist weiter oben schon durch eine wohlwollende philosophische Offenheit gegenüber allen möglichen – aber vernünftigen – Aspekten einer erweiterten Wirklichkeit ersetzt worden. Aber wie sollen Vernunft und Glaube zueinanderfinden, wenn doch das eine das andere auszuschließen scheint? Glauben heißt nicht wissen, lautet ein verbreiteter Spruch. Wie sollen dann zwei völlig verschiedene Welten zueinander finden und Religion den Anforderungen der Vernunft entsprechen?

Chaos – Mythos – Logos

Die Frage nach der Vernünftigkeit der Religion erfordert einen kurzen Blick zurück in die Geschichte des frühen Menschen. Sein Ursprung liegt in der Natur. Was unsere frühen Vorfahren empfanden, dachten und glaubten, hing ganz besonders von ihren alltäglichen Erfahrungen ab. Der Kampf ums Überleben und die Angst vor der unberechenbaren Natur bestimmten den Tagesablauf und die Sorge des frühen Menschen. Nicht nur die äußeren Bedingungen sind mit den heutigen Möglichkeiten nicht vergleichbar, dasselbe gilt auch für die Art und Weise, wie unsere Vorfahren dachten.

Die beste Annäherung an die Gedankenwelt des frühen Menschen kommt aus der Kinderpsychologie. Jean Piaget hat sich schon um die Mitte des zwanzigsten Jahrhunderts mit der Frage beschäftigt, wie Kinder sich ein Bild von der Welt aufbauen. Seine Erkenntnisse, so nimmt man an, lassen sich auch auf die Vorstellungswelt des frühen Menschen übertragen.

In der ersten Entwicklungsphase des Kindes fallen Innenleben und Außenwelt zusammen. Es wird nicht unterschieden zwischen Gefühlen und Gegenständen, zwischen Erinnerungen und Beobachtungen oder zwischen Traum und

---

[89] RR VIII,8a-b.

Wirklichkeit.[90] Jene Gedankenwelt, die alle Eindrücke unsortiert und unterschiedslos nebeneinanderstellt, wird auch adualistisch genannt, während die spätere dualistische Wahrnehmung eine recht eindeutige Aufteilung des Erlebens beinhaltet. Für den heutigen Erwachsenen ist es selbstverständlich, zwischen inneren Erlebnissen (Vorstellungen, Gefühlen, Erinnerungen) auf der einen Seite sowie Erfahrungen und Beobachtungen der Außenwelt auf der anderen Seite zu trennen. Der Traum gilt dabei – mit wenigen Ausnahmen – als Mischung aus persönlich Erlebtem und individuellen Wünschen, die sich im Rahmen unbewusster Gehirntätigkeit offenbaren.

Unsere frühen Vorfahren kannten diese Unterscheidung noch nicht; erst ganz allmählich hat sie sich schließlich durchgesetzt. Obwohl sich diese Entwicklung vor sehr langer Zeit ereignet hat, finden sich eindeutige Belege für diese Annahme. So etwa in der griechischen Dichtung, wie sie von Homer überliefert ist. Die dort beschriebenen Götter werden zum einen als Wesen dargestellt, die wie Menschen Handlungen vollbringen, gleichzeitig aber wird ihr Name auch als Bezeichnung für eine Eigenschaft, eine Kraft oder Erscheinung verwendet: *Phobos* (Furcht), *Deimos* (Schrecken), *Helios* (Sonne), *Ares* (Kampf).
In Homers *Ilias*, einer griechischen Heldendichtung, werden schließlich körperliche Eigenschaften mit dem gleichen Wort bezeichnet, wie geistige Merkmale: So tragen Feigheit und (physische) Schwäche den gleichen Namen, charakterliche Stärke – Mut – und körperliche Stärke werden mit demselben Ausdruck beschrieben.[91]

Der französische Soziologe Lévy-Bruhl hat sich ausgiebig mit der geistigen Welt der Naturvölker befasst. In einem seiner Werke zitiert er einen Bericht über die Vorstellungen im Stamm der Tscherokesen:

„Wenn bei den Tscherokesen ...ein Mann träumt, er sei von einer Schlange gebissen worden, so muß er sich einer solchen Behandlung unterwerfen, als ob er wirklich gebissen worden wäre; es ist ein `Schlangengeist´, der ihn gebissen hat; unterließe er die Kur, so würden sich Geschwulste und Geschwüre wie nach einem gewöhnlichen Biß bilden, vielleicht erst nach Ablauf mehrerer Jahre.“[92]

---

[90] Piaget (1974, 14-15): *„Die erste Frage, die man stellen muß, um zu verstehen, wie die entstehende Intelligenz die äußere Welt konstruiert, geht dahin, ob das Kind während der ersten Lebensmonate die Dinge in Form substantieller, permanenter und in ihrer Dimension konstanter Objekte auffaßt und wahrnimmt, wie wir es tun. (...) Beobachtungen und Experiment scheinen nun zu demonstrieren, daß sich der Objektbegriff, weit davon entfernt, angeboren oder fix und fertig in der Erfahrung gegeben zu sein, nach und nach aufbaut.“*
[91] Vgl. dazu Kutschera, 1991, 146-154.
[92] Lévy-Bruhl, 1926, 41.

Für den heutigen Menschen ist diese Art des Wahrnehmens fremd. Ein heilloses Durcheinander würde sich ergeben, wenn wir unseren Träumen die gleiche Bedeutung einräumen würden wie unserer normalen Beobachtung. Wenn innere Erlebnisse und äußere Erfahrungen miteinander verschmelzen, dann entsteht ein Gemisch von Wahrnehmung und Vorstellung, das uns heute wie ein Chaos erscheint. Lévy-Bruhl:

„Früher konnte die berühmte Formel Humes: `Alles Mögliche kann die Ursache von allem Möglichen sein', die Devise der primitiven Geistesart bilden. Es gibt keine Metamorphose, Erzeugung, Fernwirkung, mag sie noch so seltsam, noch so unbegreiflich sein, die für diese Denkweise nicht annehmbar wäre. Ein Mensch kann von einem Felsen geboren werden, Steine können sprechen, das Feuer muß nicht brennen, die Toten können lebendig sein... (...) für die prälogische Geistesart ist alles Wunder, d.h. gar nichts ist es. Daher ist alles glaublich und nichts unmöglich oder absurd."[93]

Der frühe Mensch nimmt die Dinge und Erscheinungen so, wie sie sich ihm darbieten, ganz gleich ob sie sich im Traum ereignen, ob er sie beobachtet oder sich nur vorstellt. So etwas wie „nur" Einbildung gibt es nicht.

In dieses Chaos des Erlebens tritt allmählich der Mythos, jene Erzählungen vom Ursprung und Ziel der Welt, von Göttern und Erscheinungen und von Regeln, die einzuhalten sind. Die ganze Welt, Himmel und Erde, werden nun zu einer großen Theaterbühne, die – wie bekannt ist – später wieder in Frage gestellt wird. Aber im Gegensatz zum Chaos des Erlebens geben die Göttersagen der Wirklichkeit eine Struktur, an der sich die Menschen orientieren können. Es entstehen Vorschriften und Rituale, wie man die geistige Welt milde stimmen und beeinflussen, kurzum: in den Griff bekommen kann. Obwohl der Begriff der Aufklärung nicht so recht passen will, ist der Übergang vom Chaos zum Mythos doch ein erster, bedeutender Schritt.

Religion und Aufklärung: Viele Wahrheiten?

Im antiken Griechenland gerät der traditionelle Götterglaube in eine Krise und es treten philosophische Positionen an den Tag, die bis auf den heutigen Tag nichts an ihrer Aktualität verloren haben.

Die radikalsten Gegenspieler sind die Vertreter der traditionellen Religion auf der einen Seite und die atheistischen Religionskritiker auf der anderen. Diese

---

[93] Ebd., 338.

beiden Parteien stehen sich unversöhnlich gegenüber und bilden die entgegengesetzten Pole in der Auseinandersetzung um die Wahrheit des Religiösen. Auch heute finden sich Personen und Gruppen, die für ihren überlieferten Glauben kämpfen und beispielsweise auf der wörtlichen Gültigkeit ihrer heiligen Schriften beharren. Ihre Bezeichnung als Fundamentalisten lässt erkennen, dass sie an Kompromissen und Dialog wenig Interesse haben, weshalb sie auch den Begriff der Aufklärung energisch zurückweisen. Ihnen stehen die Positivisten gegenüber, denen alles Religiöse als Produkt der menschlichen Phantasie erscheint. Sie verstehen sich als Vertreter der wahren Aufklärung, sind aber in der Sache ähnlich kompromisslos wie der religiöse Fundamentalismus. In der griechischen Antike bilden diese Gegensätze die hellenistische Tradition einerseits und der naturphilosophische Materialismus, wie er in Demokrits Atomtheorie zum Ausdruck kommt, andererseits.

Beide Grundpositionen haben die Eigenschaft, dass sie sich mit der Weite der menschlichen Vernunft nicht in Einklang bringen lassen: Der Positivismus nicht, wie sich gezeigt hat, und auch der religiöse Fundamentalismus nicht, weil er dogmatisch an einer Lehre festhält und Vernunftgründe ablehnt. Mit beiden Parteien kann also nicht gerechnet werden, wenn „*Vernunft und Glaube auf neue Weise zueinanderfinden*"[94] sollen.

Mit dem Vorsokratiker Xenophanes, geboren um 570 v. Chr., erfährt die Kritik an der religiösen Tradition ein entscheidendes Argument: Das anthropomorphe, d.h. der eigenen Gestalt nachempfundene Gottesbild. In einem Spottgedicht führt er aus:

„*... wenn die Ochsen und Rosse und Löwen Hände hätten oder malen könnten mit ihren Händen und Werke bilden wie die Menschen, so würden die Rosse roßähnliche, die Ochsen ochsenähnliche und solche Körper bilden, wie jede Art gerade selbst ihre Form hätte. Die Äthiopen behaupten, ihre Götter seien stumpfnasig und schwarz, die Thraker, blauäugig und rothaarig*".[95]

Xenophanes war ein entschiedener Kritiker der griechischen Tradition. Göttliches war für ihn nur ein „*einziger Gott ... weder an Gestalt den Sterblichen ähnlich noch an Gedanken*".[96] Was die menschliche Erkenntnis anging, war er dem agnostischen Denken verwandt. Sein Argument – der Anthropomorphismus – dient seit jeher atheistischen Positionen wie dem Positivismus als Stütze, weil es den Ursprung der Religion auf vermeintlich einleuchtende Weise erklärt:

---

[94] RR VIII,8a.
[95] Fragmente 15 und 16 (In den Sillen – hier ohne Nummerierungen und Verweise) – Diels, 1957, 19.
[96] Fragment 23 (Von der Natur) – Diels, 1957, 19.

Nicht Gott habe den Menschen nach seinem Abbild erschaffen, wie es im Alten Testament heißt[97], sondern umgekehrt: Der Mensch hat sich Gott bzw. die Götter nach seinem Abbild erschaffen. Sie sind also Phantasieprodukte und ohne Bezug zur Realität. Wahr sind die religiösen Vorstellungen nur für die Gläubigen selbst, und weil es viele unterschiedliche Glaubensrichtungen und religiöse Bekenntnisse gibt, sind sie allesamt nur *relativ* wahr: nämlich für ihre Anhänger. Eine objektive – also *tatsächliche* – Wahrheit für Religiöses gibt es nicht, aller Glaube ist nur subjektiv wahr.

Der Relativismus der Wahrheit, den der Positivismus schon für moralische Fragen behauptet hatte, gilt in gleicher Weise für religiöse Aussagen. Gerade die Vielfalt im Glauben, der Mangel an Übereinstimmung ist jetzt ein Grund für die Annahme, dass keine der Religionen recht hat: Götter und Übersinnliches sind erfunden und erdichtet.

Diese Einschätzung ist auch heute vielfach anzutreffen. Gewiss, wo es viele unterschiedliche, widerstreitende Meinungen gibt, da kann am Ende nur eine wahr sein, wenn überhaupt. Bei einem wörtlichen Verständnis religiöser Schriften kann es nicht anders sein. Und doch halten es viele Menschen eher mit Xenophanes und lehnen den traditionellen Glauben ab, halten es aber für möglich, dass es irgendwo in der Wirklichkeit etwas Göttliches gibt. Dieses wird nicht selten mit physikalisch anmutenden Begriffen wie etwa *Urkraft* oder *Energie* umschrieben – vielleicht, weil die Ausdrücke moderner und aufgeklärter wirken als solche mit religiösem Beiklang.

Himmel und Höhle – Absolutes und Relatives

Der berühmte Philosoph Platon hat eine große Zahl von Schriften hinterlassen, darunter auch einen Eindruck von den Dialogen, die er mit seinem Lehrer Sokrates geführt hat. Sokrates hat – so überliefert es sein Schüler – immer wieder die Unsicherheit des menschlichen Wissens betont, seine Methode des stets fragenden und hinterfragenden philosophischen Dialogs deutet ebenfalls in diese Richtung. Wenn man bedenkt, dass auch die vorsokratischen Denker immer wieder Gewissheiten in Frage gestellt und Traditionen bezweifelt haben und sich in ihren Lehren alles andere als einig waren, dann lässt sich verstehen, warum Platon auf der Suche nach einer Wahrheit war, die jenseits menschlicher Unzulänglichkeiten liegt – nach einer nicht mehr nur *relativen*, sondern *absoluten* Wahrheit. Sie liegt im platonischen Ideenhimmel.

---

[97] 1Mo 1,27: *„Und Gott schuf den Menschen nach seinem Bild, nach dem Bild Gottes schuf er ihn; als Mann und Frau schuf er sie."*

An diesem jenseitigen Ort, so vermutete der Philosoph, befänden sich von allen sichtbaren und erfahrbaren Dingen unserer Welt die originalen Pläne bzw. Blaupausen. Diese bezeichnete er als *Ideen*. Nach solchen *idealen* Konstruktionsplänen sind nun alle konkreten Dinge gebildet, die der Mensch im Alltag wahrnimmt. Allerdings ist die im irdischen Leben erfahrbare Welt von einer wesentlich geringeren Qualität als ihr jenseitiger Ursprung: Es handelt sich nur um einen blassen Schatten, lediglich um einen Abglanz der echten, großen Wirklichkeit im Jenseits.

Platons Konzept vom Ideenhimmel passt zur seinerzeit vorherrschenden Lehre von der Wiedergeburt. Die Seele des Menschen wandert hierbei immer wieder vom Himmel zur Erde, wo sie sich einen Körper als Wohnung sucht, um nach dem Tod wieder zu ihrem himmlischen Ursprungsort zurückzukehren. Im Lauf des Erdenlebens erinnert sich die Seele an die Ideen, die sie im Jenseits erblickt hat, aber sie sind jetzt nur schwach zu erkennen.

Diesen Perspektivwechsel beschreibt Platon im bekannten Höhlengleichnis:

> In einer Höhle befinden sich Menschen, die an einer Wand gefesselt sind. Hinter ihnen erhellt ein Feuer den Raum und man kann anhand der Schatten an der Felswand vermuten, was sich rund um die Flammen abspielt. Nur wer sich von den Fesseln lösen kann, erkennt das Feuer als den Grund des Schattens und seiner Bewegungen. Tritt einer der Höhlenbewohner nun ins Freie, so erkennt er sein eigenes Spiegelbild im Wasser und das Sonnenlicht als Ursache dafür. Bei der Rückkehr in die Höhle erfährt der Mensch den Spott der noch gefesselten Bewohner. Selbst aber ist er von der Sonne geblendet und irrt orientierungslos umher.

Das platonische Weltbild bietet vom Grundsatz her eine interessante Alternative zu den philosophischen Strömungen seiner Zeit, auch wenn das Modell der wandernden Seele und des Ideenhimmels im Detail nicht recht zu überzeugen vermag. Jedenfalls gibt es jetzt eine Erklärung für unterschiedliche Sichtweisen: Es liegt an den Menschen und ihrer begrenzten Fähigkeit zur Erkenntnis der Ideen.
Wenn sich beispielsweise die wichtigste und allen anderen übergeordnete *Idee des Guten* unterschiedlich gut erkennen lässt, erklärt das, warum einige Menschen mehr Einsicht in moralische Fragen haben, andere weniger. Platon war daher der Auffassung, dass der Herrscher eines Landes die *Idee des Guten* möglichst gut erkennen müsse und hierfür eine entsprechende Ausbildung genießen solle.

Bei der Ethik lässt sich der fundamentale Unterschied zum Positivismus erkennen: Bei jenem haben unterschiedliche moralische Vorstellungen bei Menschen zu dem bekannten Relativismus geführt, bei dem der Einzelne nur eben sein Empfinden als wahr ansieht, am Ende aber niemand recht hat, weil es *echte* moralische Werte gar nicht gibt. Sie sind ein soziales Konstrukt, aber nicht real und deshalb auch nicht verbindlich. Der Ruf des Gewissens ist demnach eine kollektive Einbildung.

Bei Platon gibt es moralische Werte tatsächlich: Die Idee des Guten ist objektiv vorhanden und real, auch wenn sie in einer transzendenten Wirklichkeit liegt. Relativ (gut oder schlecht) ist aber die – subjektive – Fähigkeit des Menschen, das Gute zu erkennen. So muss aus unterschiedlichen moralischen oder ästhetischen Ansichten nicht das Kind mit dem Bade ausgeschüttet und alle Werterfahrung als Illusion abgetan werden: Beim platonischen Relativismus ist nicht die fehlende Wirklichkeit das Problem, sondern die fehlende Erkenntnis.

Diese platonische Sicht findet im Alltag vielfach Verwendung, auch wenn kaum jemand bewusst ist, dass damit ein bestimmter Blick auf die Wirklichkeit verbunden ist. So gibt es in der Kunst die Feststellung, dass manche Menschen mehr ästhetischen Sinn besitzen als andere, die einen mehr musikalisches Gespür als die anderen. Im Bereich der Ethik – relevant bei Gerichtsverfahren – wird Personen bescheinigt, ein schwach ausgeprägtes moralisches Empfinden zu haben, eine Annahme, die sich bei bestimmten Verbrechen geradezu aufdrängt.

Nun gibt es auch auf dem Gebiet des Glaubens eine daran angelehnte, vergleichbare Redewendung: So bezeichnen sich Menschen, die eine agnostische Position einnehmen, gerne als „religiös unmusikalisch". Das bedeutet dann nicht, dass die existenziellen Fragen, nämlich die nach dem Sinn des Lebens und der Welt, sinnlos wären, sondern lediglich, dass sie manche Menschen stärker berühren als andere. In der platonischen Höhle herrschen schlichtweg schlechte Sichtbedingungen.

Zwei Wege, ein Ziel: Erfahrung und Begründung

Gerade Platons Entwurf eines Ideenhimmels lässt die berechtigte Frage aufkommen, ob solche Weltbilder lediglich dem phantasiereichen Geist des Philosophen entsprungen sind, oder ob es noch andere Hintergründe gibt. Ein Blick in die Literatur der griechischen Antike zeigt, dass vielleicht noch weitere Momente hinzukommen.

So kannte man zur Zeit Platons die Literaturgattungen der *Anabioseis* (Berichte von Wiederbelebten) und der *Katabaseis* (Berichte von Abstiegen in die Unterwelt). Es handelte sich dabei um Niederschriften von Sterbeerlebnissen, die zu religiösen Zwecken verbreitet wurden. Ein Text als solcher ist nicht erhalten geblieben, doch finden sich in anderen Werken entsprechende Anspielungen, wie etwa in Platons staatsphilosophischem Werk *Politeia*:

Im Mythos des pamphylischen Kriegers *Er*, Sohn des Armenios, wird geschildert, wie dieser beim Kampf fällt und anschließend jenseitige Welten durchquert. Erst nach zwölf Tagen kommt der scheinbar tote Krieger zu sich, als man ihn schon auf den Scheiterhaufen gelegt hat, um den Leichnam zu verbrennen. Platon berichtet:

„Sobald seine Seele ihm entfahren wäre, sei sie mit vielen fortgewandert und sie seien an einen geisterhaften Ort gelangt, wo zwei zusammenhängende Spalten der Erde waren und ebenso oben ihnen gegenüber zwei des Himmels. Und zwischen diesen saßen Richter, die richteten und hießen daraufhin die Gerechten den Weg nach rechts und hinauf durch den Himmel wandern ... aber die Ungerechten nach links und hinab.... Und es schien, als ob die jeweils ankommenden von einer langen Reise kämen, und froh auf die Wiese hinauszutreten, lagerten sie sich wie zum Feste und begrüßten sich...“[98] *„Und nachdem ein jeder auf der Wiese sieben Tage verbracht hätte, müßten sie von dort aufstehen, um am achten weiter zu wandern, aber nach vier Tagen gelangten sie an einen Ort, wo sie ein von oben durch den ganzen Himmel und Erde gehendes Licht gesehen hätten, so gerade wie eine Säule, am ehesten dem Regenbogen vergleichbar, aber glänzender und reiner. Zu ihm seien sie eine Tagesreise weiterziehend gelangt und hätten daselbst mitten im Licht vom Himmel die Enden seiner Bänder ausgehen sehen ... [und] an den Enden sei die Spindel der Notwendigkeit befestigt...“*[99]

Das Licht der Spindel symbolisiert dabei die Wiedergeburt als kosmisches Urprinzip.

Dass sich in der griechischen Antike eine eigene Gattung für solche Erlebnisse herausgebildet hat, ist bemerkenswert. Schilderungen ähnlicher Begebenheiten finden sich jedoch in allen Kulturkreisen. Bekannt sind das Tibetanische Totenbuch, die buddhistische Amida-Tradition oder das Ägyptische Totenbuch.

---

[98] Platons Staatsschriften X613b-e (1925, 825).
[99] Ebd. X616b-c (1925, 829).

Vor Jahrzehnten wiederentdeckt wurden Schilderungen aus dem Mittelalter, die schon Papst Gregor der Große (um 540-604) gesammelt hatte und die von den Erlebnissen gewöhnlicher Menschen handeln.[100] Hinzu kommen noch die mystischen Erfahrungen im religiösen Kontext.[101]

All diese Berichte ähneln in Struktur und Inhalt den zeitgenössischen Nahtod-Erfahrungen, so dass es naheliegt, diese Ereignisse unter dem Begriff der Transzendenzerfahrung zusammenzufassen. Sie gehören zu einem in der Neuzeit lange ignorierten und als bloße Illusionen abgewiesenen Erfahrungsschatz der Menschheit, der zwar keine wörtlichen Auskünfte erteilt, aber doch einen Wegweiser für existenzielle Fragen darstellt.[102]

Argumente und Beweise

Mit vagen Andeutungen hat sich die Philosophie selten begnügt, und auch das Einbeziehen eigener, persönlicher Erfahrungen ist mit den Ansprüchen der modernen Wissenschaften verschwunden. So müssen sich Behauptungen logisch begründen lassen, und in Physik und Chemie sogar in Experimenten bestätigt werden. Im Falle der meisten religiösen Aussagen kommt man mit dieser Methode nicht weit, so dass sich die Philosophie nur selten mit ihnen befasst – mit einer Ausnahme: Der Existenz Gottes.

Über die Definition des Göttlichen gehen die Meinungen im Detail auseinander, man hat sich jedoch schon früh darauf geeinigt, dass zu den Eigenschaften – den Attributen – Gottes auf jeden Fall folgende drei gehören sollen: Allwissenheit, Allgüte und Allmacht.

Schon daraus entsteht ein Problem, und zwar ein bedrückend ernstes: Wie verträgt sich ein allgütiger Gott mit dem Übel in der Welt: mit Hunger und Not, Kriegen und Seuchen, Tod und Krankheit sowie unzähligen kleineren und größeren Miseren?

Bereits die frühen griechischen Skeptiker haben darin Gründe gegen die Existenz eines Gottes gesehen. Thrasymachos aus Chaledekon beklagt, die *„Götter haben*

---

[100] Vgl. Zaleski, 1993, 70-146.
[101] Diese Zeugnisse zu berücksichtigen gehört vielleicht auch zum *„Hören auf die großen Erfahrungen und Einsichten der religiösen Traditionen der Menschheit"*, wie Benedikt es gefordert hatte (RR VIII,17).
[102] Vgl. Högl, 2006, 341-360.

das menschliche Treiben nicht im Auge; denn sonst hätten sie nicht das größte unter den Gütern der Menschen außer Acht gelassen, die Gerechtigkeit... [103]

Eingehender wurden die Gedanken vom Kirchenvater Lactantius überliefert und dabei Epikur zugeschrieben. Die Argumentationskette, die heute noch weit verbreitet ist, wendet sich schrittweise gegen einzelne Attribute Gottes, bevor dessen Existenz insgesamt in Frage gestellt werden soll:

„Weiß Gott nichts vom Übel in der Welt, so ist er nicht allwissend.

Weiß er davon, kann es aber nicht verhindern, so ist er nicht allmächtig.

Weiß er davon und könnte es verhindern, tut das aber nicht, so ist er nicht gut." [104]

Also: Es ist nicht möglich, dass Gott (mit den drei Kernattributen) existiert.

Die Frage nach dem Übel der Welt ist keineswegs eine bloß philosophische Spielerei. Im Gegenteil: Sie ist eine ganz zentrale Frage, die sich allen Menschen stellt, die eine Existenz Gottes wenigstens für möglich halten. In Philosophie und Theologie spricht man von der *Theodizee*, der Rechtfertigung eines göttlichen Wesens angesichts des Leids in der Welt.

An dieser Stelle zeigt sich der Versuch, über die Existenz eines Wesens zu entscheiden, das sich direkter Beobachtung und Wahrnehmung entzieht. Im positivistischen Paradigma ist es schlicht nicht vorhanden. In einem erweiterten Bild der Wirklichkeit ist zwar die Existenz Gottes denkbar, aber auch hierfür wird man vernünftigerweise gute Gründe haben wollen, und zwar solche, die jedermann einsichtig sind.

Daher haben sich Philosophen auf reine Vernunftargumente verlassen müssen, während Theologen stets die Aussagen ihrer heiligen Schriften miteinbeziehen konnten. Nun gibt es seit Menschengedenken Gründe, die für eine Existenz Gottes (bzw. von Göttern) angeführt werden, wobei das kosmologische Argument, nämlich Gott als der Ursprung allen Seins, zu den wichtigsten gehört. Aber es ist auch schwer vorstellbar, dass eine transzendente Wirklichkeit, in der moralische und ästhetische Werte, mystische Erfahrungen, Kreativität und Intuition beheimatet sind, ohne einen göttlichen Urgrund auskommt.

---

[103] Fragment 8 (Für die Larisäer) – Diels, 1957, 130.
[104] Kutschera, 1991, 57.

Aus solchen Begründungen und Begründungsketten werden in der Theologie des Mittelalters regelrechte Beweise, wie sie sonst in der Mathematik bzw. in der Logik zu finden sind. Die Existenz Gottes soll quasi zweifelsfrei berechnet werden: Jeder vernünftige Mensch, der sich guten Argumenten nicht verschließt, soll am Ende selbst den Schluss ziehen können: Gott existiert. Auf diesem sicheren Fundament sollte dann die Theologie den speziell christlichen Glauben aufbauen.

Die verschiedenen Beweise sind in ihrer Gesamtheit durchaus eindrucksvoll und ihre Argumente keineswegs an den Haaren herbeigezogen. Für einen zweifelsfreien Beweis, der keine andere Deutung mehr zugelassen hätte, waren sie aber nicht hinreichend. Hinzu kommt, dass auch jedes Beweisverfahren und jeder Schluss als solcher erst einmal als vernünftig anerkannt werden muss.

Am Ende eines langen Weges zeigt sich, dass ein *erweitertes Bild der Wirklichkeit* kaum ohne einen göttlichen Urgrund denkbar ist, dass aber die Bestimmung dessen, was unter Gott verstanden werden kann, äußerst vage und im Einzelnen umstritten ist.[105]

Für die Existenz Gottes gibt es seit jeher zwei Quellen: Transzendente Erfahrungen und rationale Argumente. Vermutlich haben sich in der Menschheitsgeschichte beide Wege permanent überschnitten – beispielhaft im antiken Griechenland. Mit Beginn der Neuzeit wurde dann nur mehr auf die Gründe einer Vernunft im engeren Sinne geachtet. Mystische und transzendente Erfahrungen wurden bestenfalls ignoriert. Die Vernunft in ihrer ganzen Weite müsste sich aber auch den vielfältigen Erfahrungen der Kulturen und Menschen zuwenden, gerade in einer so fundamentalen Frage wie der Existenz Gottes.

---

[105] Ditfurth etwa stellt fest, *„daß Evolution folglich als ein Entwicklungsprozeß beschrieben werden könnte, in dessen Verlauf der Kosmos mit jenem geistigen Prinzip zu verschmelzen begonnen hat, das die Voraussetzung für seine Entstehung gewesen ist und für die Ordnung, die sich im Ablauf seiner Geschichte entfaltet"* (1981, 288-289).

VIII. Religion und Aufklärung: Die biblische Tradition

Das Bild der Welt hat sich über die Jahrtausende gewandelt. Stand am Anfang noch eine mythisch-religiös geprägte Sicht auf Mensch und Natur, so hat sich gerade durch die europäische Aufklärung eine wissenschaftlich gestützte Perspektive ergeben. Im Positivismus wird diese zu einer Ideologie, die dogmatische Züge hat und über das ursprüngliche Ziel hinausschießt.[106] Betrachtet man die menschliche Geschichte aus der Ferne, so wird man eine Entwicklung feststellen, die zu einem immer tieferen und umfassenderen Verständnis der naturwissenschaftlich zugänglichen Welt geführt hat.

Eine ähnliche Entwicklung zeigt sich auf dem Gebiet der religiösen Vorstellungen. Der frühe Mensch nimmt seine Umwelt als belebt wahr, als von magischen Kräften und Geistern beseelt. Diese animistische Phase mündet schließlich in die Entstehung der mythischen Religionen, in denen sagenhafte Geschichten von den Heldentaten der Götter erzählen, von ihrem Einfluss auf die Menschen und die Ordnung der Natur. Spätestens im antiken Griechenland wird das anthropomorphe Gottesbild deutlich und verliert allmählich an Kraft. Spekulationen über einen anderen Urgrund der Welt werden laut: Bausteine und Prinzipien bei den Naturphilosophen, Ideen im Jenseits bei Platon. Das Göttliche wird von menschlichen Eigenschaften befreit, so dass am Ende eine mehr oder weniger monotheistische Religiosität zu finden ist: Der Gaube an nur einen Gott oder ein wesenhaftes Prinzip stellt somit eine neue Phase im Sinne einer Aufklärung dar.[107]

Aus Sicht des Positivismus handelt es sich nach wie vor um eine Illusion. Erst wenn der Begriff Gott auf alle Eigenschaften eines wie auch immer gearteten Wesens verzichtet und nur mehr zum Oberbegriff für die Gesamtheit der Naturgesetze würde, dann könnte auch das materialistische Weltbild den Gottesbegriff akzeptieren. Dann allerdings wäre er seines ursprünglichen Sinnes beraubt. Wieder einmal wäre der Positivismus über das Ziel hinausgeschossen, hier mit einem überzogenen Kampf gegen den Anthropozentrismus.

---

[106] Horkheimer und Adorno über die Pervertierung des Aufklärungsideals: *„Was dem Maß von Berechenbarkeit und Nützlichkeit sich nicht fügen will, gilt der Aufklärung für verdächtig. Darf sie sich einmal ungestört von auswendiger Unterdrückung entfalten, so ist kein Halten mehr... Aufklärung ist totalitär.“* (Horkheimer/Adorno, 1982, 9-10). – Kutschera spricht (2000, Kap. 2.3. – S. 137-152) von den „Paradoxien der Aufklärung": *Autonomie ohne Freiheit, Vernunftgläubigkeit ohne Vernunft, Verengung des Werthorizonts, Fortschritt ohne Ziel und Humanität ohne Menschenwürde.*
[107] Vgl. Mann, 1970, 78-81.

Wenn man aber im Rahmen der schon oben beschriebenen weiteren Wirklichkeit vernünftigerweise davon ausgehen kann, dass diese auch eine transzendente Seite hat und der Mensch wenigstens in vagen Ansätzen in der Lage ist, moralische und ethische Werte zu erkennen und vielleicht die göttliche Dimension der Welt zu spüren, zu erahnen oder – eher selten – tiefer zu erleben, dann wird man genau diese Erfahrungen in religiösen Zeugnissen vermuten: In den Erzählungen, die vom Ursprung und Ende der Welt handeln, von Heiligem und Göttlichem, vom Menschen und den Grundfragen seines Lebens, von Geburt und Tod, von Schuld und Segen und von der Frage eines gerechten Lebens.

"Für die Philosophie und in anderer Weise für die Theologie ist das Hören auf die großen Erfahrungen und Einsichten der religiösen Traditionen der Menschheit… eine Erkenntnisquelle, der sich zu verweigern eine unzulässige Verengung unseres Hörens und Antwortens wäre", stellt Benedikt fest.
Es geht dabei um die Grundfragen menschlicher Existenz, ohne dabei die verschiedenen Wege der Religionen zu verwischen.

Die „Erfahrungen und Einsichten", um bei Benedikts Worten zu bleiben, ergeben sich aus einem Verständnis der Religiosität, wie sie in den verschiedenen Quellen aufscheint. Dort sind die verschiedenen – transzendenten – Erfahrungen sprachlich und erzählerisch geformt, mit Erläuterungen und Hinweisen versehen und schließlich in die bestehende Tradition integriert worden Die überlieferten Schriften sind demgemäß auch keine wörtlichen Protokolle, sondern theologische Werke, die den Glauben lehren sollen – im Sinne von einsichtig machen – und ihn nicht bloß von außen beschreiben.

Wie schon moralische Erfahrungen von Kultur und Erziehung beeinflusst sind und daher von Individuum zu Individuum unterschiedlich ausfallen, so trifft das in gleicher Weise für religiöse Inhalte, für Sinnerfahrungen in einem weiteren Sinne zu. Als Menschen befinden wir uns in der platonischen Höhle und erkennen nur schattenhafte Umrisse, deren Deutung dem einen besser gelingt als dem anderen, wobei sich langfristig vielleicht die treffendere Beschreibung durchsetzt. So und nur so kann man eine religiöse Entwicklung und Aufklärung verstehen, die einer transzendenten Wirklichkeit gerecht zu werden versucht, bei allen Schwächen, die sich dabei einstellen.

Die biblische Tradition befindet sich nun mit dem monotheistischen Glauben schon auf dem Pfad religiöser Aufklärung, wie Benedikt in Anspielung auf die Gotteserfahrung von Moses im Alten Testament betont. Dort offenbart sich Gott in einem brennenden Dornbusch, indem er seinen Namen – *Ich bin, der ich bin*[108] – preisgibt:

„[14]*Schon der geheimnisvolle Gottesname vom brennenden Dornbusch, der diesen Gott aus den Göttern mit den vielen Namen herausnimmt und von ihm einfach das „Ich bin", das Dasein aussagt, ist eine Bestreitung des Mythos, zu der der sokratische Versuch, den Mythos zu überwinden und zu übersteigen, in einer inneren Analogie steht.* [15]*Der am Dornbusch begonnene Prozeß kommt im Innern des Alten Testaments zu einer neuen Reife während des Exils, wo nun der landlos und kultlos gewordene Gott Israels sich als den Gott des Himmels und der Erde verkündet und sich mit einer einfachen, das Dornbusch-Wort weiterführenden Formel vorstellt:* [16]*„Ich bin's."*[109]

Anstelle eines Namens, der wieder als anthropomorphe Eigenschaft verstanden werden könnte, ist es nur die Aussage über die eigene Existenz als solche, die zum Charakteristikum wird. Dies hebt den Glauben Israels von anderen Vorstellungen ab:

„[17]*Mit diesem neuen Erkennen Gottes geht eine Art von Aufklärung Hand in Hand, die sich im Spott über die Götter drastisch ausdrückt, die nur Machwerke der Menschen seien."* Damit verbinden sich Aussagen des Alten Testaments mit ähnlich religionskritischen der Vorsokratiker und der "[18a]*biblische Glaube in der hellenistischen Epoche*" geht "[18b]*dem Besten des griechischen Denkens von innen her entgegen zu einer gegenseitigen Berührung, wie sie sich dann besonders in der späten Weisheits-Literatur vollzogen hat."*[110]

In der hellenistischen Zeit, die mit Alexander dem Großen angesetzt wird, wird das Land der Israeliten Teil des griechischen Reichs, und die in beiden Kulturen vorhandenen Strömungen einer je eigenen Aufklärung treten in Verbindung.

Auch in anderen Kulturen zeigen sich Entwicklungen, die man als Abkehr von anthropomorpher Religiosität deuten kann. So zeigt sich in Religionen mit mehreren Gottheiten – etwa im Hinduismus – immer wieder die Tendenz, die vielen Götter auf einen einzigen Ursprung oder auf ein göttliches Prinzip zurückzuführen oder sie als Erscheinungsform der Hauptgottheit zu betrachten. Im Alten Ägypten versuchte Amenophis IV. (1364-1347 v. Chr.), den vorherrschenden Glauben an mehrere Götter durch einen vergeistigten Sonnen-Monotheismus zu ersetzen. In seiner als Sonnengesang bekannt gewordenen religiösen Lyrik hat Echnaton, wie er später genannt wurde, ein literarisches

---

[108] 2Mo 3,14.
[109] RR III,14-16.
[110] RR III,17-18.

Denkmal hinterlassen. Seine Initiative ist allerdings erfolglos geblieben. Wegen der regionalen Nähe Ägyptens zu Israel und des alttestamentlichen Exodusberichts hat es in der Vergangenheit oftmals Spekulationen über mögliche Zusammenhänge und Verbindungen gegeben, deren Nachweis sich freilich nicht ganz einfach gestaltet.

Wenn man die Entwicklung der Gottesvorstellung in den Religionen betrachtet, dann lässt sich ein geschichtlicher Trend vom animistischen, beseelten Weltbild hin zuerst zu einem mythischen Weltbild erkennen, in dem – im Polytheismus – viele Götter oder – im Henotheismus – eine Hauptgottheit vorzufinden sind. Der Schritt zu einer weiteren Abstrahierung des Gottesbildes im Sinne des Ablegens menschlicher Eigenschaften findet schließlich in den verschiedenen Ausprägungen des Monotheismus statt. Auch wenn das Göttliche dort wieder menschliche Gestalt annehmen kann oder sich menschlicher Propheten bedient, ist es doch der irdischen Sphäre enthoben und vom Wesen her transzendenter Natur. Im Alten Testament entwickelt sich das Gottesbild schließlich so, dass es auf die Vernunftkriterien der griechischen Philosophie zutrifft. In den biblischen Erzählungen versammeln und verdichten sich die Urerfahrungen der Menschen mit Gott und der Welt. Für ein Verständnis der ganzen Weite der Wirklichkeit sind sie daher, um es in Benedikts Worten zu sagen, „^{17}*eine Erkenntnisquelle, der sich zu verweigern eine unzulässige Verengung unseres Hörens und Antwortens wäre.*"[111]

---

[111] RR VIII,17.

IX. Christlicher Glaube und Vernunft

Als Oberhaupt der katholischen Kirche und zugleich ausgewiesener Theologe war Benedikt zum einen bemüht, jene positivistischen Hürden zu benennen, die den Menschen gerade heute den Blick auf die Wirklichkeit in ihrer ganzen Weite, also mit Einschluss ihrer transzendenten Seite, verstellen. Zum anderen war es eines seiner zentralen Anliegen zu zeigen, dass das Christentum nicht nur nicht im Widerspruch zu Vernunft und Wissenschaft steht, sondern vielmehr, dass es insgesamt vernünftig ist, sich auf die Grundsätze der christlichen Religion einzulassen, auf ihre Tradition sowie auf die Antworten, die sie für die existenziellen Fragen des Lebens gefunden hat. Die Botschaft Benedikts richtet sich also nicht allein an die Gläubigen, sie richtet sich an alle Menschen, die sich auf der Suche nach Sinn und Wahrheit befinden.

Doch der Appell Benedikts, sich für *„die großen Erfahrungen und Einsichten der religiösen Traditionen der Menschheit, besonders aber des christlichen Glaubens"*[112] zu öffnen, erscheint gerade in heutiger Zeit besonders schwierig. Seit Jahrzehnten geht der Trend im Heimatland des Papstes – wie auch in der westlichen Welt überhaupt – in eine entgegengesetzte Richtung:

In der modernen pluralistischen Gesellschaft, in der jeder frei ist über seine religiöse Orientierung selbst zu bestimmen oder es auch sein zu lassen, hat sich ein Jahrmarkt der Religionen gebildet, in dem sich jeder nach Belieben aussuchen kann, was ihm gefällt. Der aufgeklärte Mensch bestimmt selbst, woran er glauben möchte, und genau dabei gerät die christliche Religion ins Hintertreffen, und die katholische Kirche erst recht. Der Grund ist ebenso einfach wie fatal:
Mit dem christlichen bzw. katholischen Glauben werden kaum noch religiöse, ethische oder andere existenziell wichtige Positionen verbunden, die dem Menschen die ganze Weite der Wirklichkeit vermitteln und so für Interesse sorgen könnten. Im Gegenteil: Das Christentum gilt weithin als unaufgeklärtes Relikt, das sich heute in unzeitgemäßen Dogmen, überkommener Sexualmoral und zahlreichen Skandalen erschöpft. Die Kirche erscheint vielen als bürokratischer Apparat, der sich in die Lebensführung des Einzelnen einmischt und ihn bevormundet, ihm aber längst keine spirituellen Einsichten und Hoffnungen mehr vermitteln kann. Dass die sozialen und humanitären Aufgaben der Kirche auch heute noch mehrheitlich geschätzt werden, ist da ein schwacher Trost.

---

[112] RR VIII,17.

Natürlich gibt es immer wieder Phasen, in denen existenzielle Fragen und speziell christliche Themen wieder an Interesse gewinnen. Aber die gegenwärtige Entwicklung zeigt, dass ein beträchtlicher Teil der Gesellschaft, der früher dem christlichen Glauben noch wohlwollend positiv gegenübergestanden hätte, auch wenn er sich selbst nicht aktiv integrieren wollte, heute nur mehr mit freundlichem Desinteresse reagiert. So lässt sich der Eindruck nicht abweisen, das Christentum habe als Quelle der Inspiration mittlerweile ausdient.

Deshalb war es höchste Zeit, die Fundamente der christlichen Tradition noch einmal neu in den Mittelpunkt zu stellen, jene spirituelle Quelle, von der es doch geheißen hatte, es handle sich um eine „Frohe Botschaft". Benedikt hat genau diese Konzentration auf das Wesentliche ins Zentrum seines Pontifikats gestellt. Ganz offensichtlich ist dieses Anliegen aber von allen möglichen nebensächlichen Diskussionen überlagert worden.

Dabei betrifft die Frage nach dem „eigentlichen Wesen" des Christentums nicht nur jene Menschen, die es eher aus der Ferne und womöglich mit Skepsis sehen. Tatsächlich sind auch viele Gläubige in Momenten des Zweifels nicht sicher, was die eigentliche Grundlage des eigenen Glaubens ausmacht, jenseits aller kirchenrechtlichen Regeln und Gebote. Handelt es sich nur um eine Tradition, die von Eltern und Schule vermittelt wurde oder steht dahinter auch die Entscheidung eines aufgeklärten Menschen, der die Werte des Glaubens mit der ganzen Weite seiner Vernunft anerkannt hat?

Stets im Hintergrund stellt sich daher eine weitere Gretchenfrage:

Was sind die Fundamente des christlichen Glaubens?

Am Anfang steht eine Entscheidung, die noch keine religiöse Festlegung im engeren Sinn trifft. Um sinnvoll über Glaubensfragen sprechen zu können, bedarf es eines Weltbilds, das die ganze Weite der Wirklichkeit, insbesondere ihre transzendente Dimension, anerkennt und im Gegensatz zum vorherrschenden Positivismus steht. Auf dieses Fundament hat Benedikt nicht nur in der Regensburger Rede und später vor dem Deutschen Bundestag hingewiesen. Noch vor seiner Wahl zum Papst hat er als Joseph Ratzinger die Versammlung der wahlberechtigten Kardinäle, das Konklave, mit einer Rede eröffnet, in der er vor einer *„Diktatur des Relativismus"*[113] gewarnt hat, welcher sich bekanntlich aus dem positivistischen Weltbild ergibt. Das Christentum setzt also eine philosophische Grundentscheidung zugunsten eines um die transzendente Dimension erweiterten Weltbilds voraus.

Ein weites Feld und seine Früchte

Auf den ersten Blick erscheint es wie ein Mammutaufgabe, zu den Fundamenten des christlichen Glaubens vorzudringen. Eine unüberschaubare Fülle an Schriftstücken und Büchern lagert in einer fast ebenso großen Zahl an Bibliotheken und Archiven. Tausende bedeutender Glaubenszeugen und -verkünder haben eine Spur in der Geschichte der Religion hinterlassen. All diese Werke nur aufzulisten würde ein Leben füllen. Wie soll da das Wesentliche erkennbar sein?

An dieser Stelle erinnern wir uns an den alten Winzer, von dem ganz am Anfang die Rede war, und der seinen Gästen vom Wesen des Weinbaus und des edlen Traubensafts erzählt hat. Er hat gerade nicht auf die vielen Werke in seiner Bibliothek verwiesen, sondern selbst das Gespräch gesucht, so dass man sich fast an die Dialoge des Sokrates erinnern möchte, der die Selbsterkenntnis als Ziel setzte.
In unserem Fall würde er wohl auf Jesus von Nazareth verweisen und auf die eigentlich recht einfache und verständliche Botschaft, die auch von den damaligen Zuhörern als frohe Botschaft verstanden wurde.

Benedikt hat im Laufe seines Pontifikats drei Rundschreiben – Enzykliken – verfasst, von denen zwei die beiden wesentlichen Pfeiler des christlichen Weltverständnisses in den Mittelpunkt rücken:

In *Deus caritas est* geht es um das Wesen Gottes: *Gott ist (die) Liebe* und in *Spe salvi* um die transzendente Hoffnung der Menschen: *Auf Hoffnung hin gerettet.*[114] Tatsächlich sind ja die Frage nach dem Wesen Gottes – aus dem allein sich schon Konsequenzen für das täglich Leben ergeben – und die nach dem Wohin die beiden wichtigsten Frage unseres Daseins.

---

[113] Der Predigttext findet sich auf der Vatikanseite: http://www.vatican.va/gpII/documents/homily-pro-eligendo-pontifice_20050418_ge.html.
[114] Sie sind 2005 *(Deus caritas est)* bzw. 2007 *(Spe salvi)* veröffentlicht worden. Die dritte Enzyklika *(Caritas in veritate)* erschien 2009 und widmet sich sozialen, wirtschaftlichen und ethischen Fragen unserer Zeit, die vierte *(Lumen fidei – Licht des Glaubens)* wurde von Benedikt begonnen und von Franziskus 2013 fertiggestellt. So wurden die Themenbereiche der Trilogie Glaube – Liebe – Hoffnung angesprochen, die Paulus im als *Hohelied der Liebe* bekannten Brief an die Korinther (1Kor 13) thematisiert hat.

Deus caritas est

Schon der Titel der ersten Enzyklika Benedikts bietet zwei verschiedene Möglichkeiten der Übersetzung: *Gott ist Liebe* sowie *Gott ist die Liebe*. Die zweite Version mit dem Artikel kommt einer Gleichsetzung, einer Definition recht nahe und könnte bei entsprechender Auslegung bedeutet, dass zwei Begriffe dasselbe bedeuten, so dass Gott also nichts anderes meint als Liebe. Diese Interpretation würde aber den Sinn verkehren. Mit Gott ist nicht lediglich eine platonische Idee gemeint, analog zur Idee des Guten etwa die Idee des Göttlichen. *Deus caritas est* meint vielmehr, dass Gott die Liebe verkörpert, ja eine Quelle der Liebe ist, auch wenn sich sein Wesen darin keineswegs erschöpft. Im griechischen Originaltext fehlt daher auch der Artikel.[115]

Diese Auffassung deckt sich im Großen und Ganzen mit dem philosophischen Gottesbegriff, der die Allgüte als wesentliches Attribut beinhaltet. Im Neuen Testament wird die Liebe zur Kerneigenschaft Gottes, und zwar in einer Intensität, die das menschliche Vorstellungsvermögen sprengt. Gerade weil diese Art so schwer zu beschreiben ist, wird sie in einer Geschichte verständlich gemacht.

Dabei ist zu bedenken, dass die Zuhörer Jesu keine gebildeten Menschen waren. Es handelte sich gerade nicht um Vorträge vor einem akademischen Publikum, im Gegenteil: Jesus wanderte durch das Land, oft in der Nähe des Sees Genezareth, wo ihm Fischer, Tagelöhner, Hirten und vielleicht einfache Handwerker folgten und ihm zuhörten. Hätte er von der bedingungslosen Liebe Gottes zu den Menschen gesprochen, so wäre er kaum ernst genommen worden. Jesus aber vermochte es, seine Botschaft in Gleichnisse zu fassen, so dass sie auch verstanden wurde. Die Geschichte von jenem Hirten etwa, der von seinen 100 Schafen eines nicht mehr findet und dann die Herde zurücklässt, bis er endlich das verloren geglaubte Tier wiedergefunden hat, ist für jeden der Zuhörer nachvollziehbar, weil er sie so oder ähnlich schon einmal erlebt hat.

Am deutlichsten wird die Botschaft von der göttlichen Liebe im Gleichnis vom verlorenen Sohn, das im Lukasevangelium überliefert ist.[116] Es ist eine

---

[115] So bezieht sich der Titel der Enzyklika explizit auf den Ersten Johannesbrief (1Joh 4,16): *„Gott ist Liebe und wer in der Liebe bleibt, bleibt in Gott und Gott in ihm.“* Das griechische Original „Ὁ Θεὸς ἀγάπη ἐστίν" (Transkription *HO theos agape estin*) benutzt „agape" als den Ausdruck für die selbstlose, göttliche Liebe und verwendet keinen Artikel. – Schon die Einführung stellt fest: *„In diesen Worten aus dem Ersten Johannesbrief ist die Mitte des christlichen Glaubens, das christliche Gottesbild und auch das daraus folgende Bild des Menschen und seines Weges in einzigartiger Klarheit ausgesprochen.“* (*Deus caritas est*, 1 – 2006, 7).
[116] Lk 15,11-32.

Geschichte, bei der man sich die konkrete Erzählsituation, vermutlich auf einer Anhöhe am Ufer des Sees Genezareth, gut vergegenwärtigen kann:

Ein Vater hatte zwei Söhne, von denen der jüngste eines Tages sein Erbteil fordert. Der Vater teilt daraufhin den Besitz. Der Sohn nimmt seine Hälfte und zieht in die Ferne, wo er sein Vermögen schließlich durchbringt. – Schon an dieser Stelle kann man sich eine Reaktion der Zuhörer gut vorstellen, ein Kopfschütteln, ein leises Raunen, jedenfalls Unverständnis über das Verhalten des jungen Mannes, der verschleudert, was vielleicht Generationen vor ihm hart erarbeitet haben. Mit einer gewissen Genugtuung werden sie sehen, wie die Geschichte weitergeht:

Eine Hungersnot zieht übers Land und der einst vermögende Sohn hat nicht mehr genug zu essen. Er verdingt sich als Schweinehirt und darf nicht einmal das Futter der Tiere verzehren. Jetzt befindet er sich an einem Tiefpunkt. – Ja, warum hat er auch sein Erbe verprassen müssen? Warum er nicht auf dem elterlichen Hof geblieben ist, werden sich die Zuhörer fragen und man darf annehmen, dass die Erzählung des Neuen Testaments den ursprünglichen Vortrag stark verdichtet hat.

Der Sohn jedenfalls wird sich der Ausweglosigkeit seiner Lage bewusst und erinnert sich an sein Zuhause. Er weiß, dass er ein unmoralisches Leben geführt hat und sich jetzt beim Vater nicht mehr blicken lassen kann. In seiner Not aber überwindet er sich, wie es bei Lukas heißt:

„Als er aber in sich ging, sprach er: Wieviele Tagelöhner meines Vaters haben Überfluß an Brot, ich aber komme hier um vor Hunger. Ich will mich aufmachen und zu meinem Vater gehen und will zu ihm sagen: Vater, ich habe gesündigt gegen den Himmel und vor dir und bin nicht mehr würdig, dein Sohn zu heißen, mach mich wie einen deiner Tagelöhner.“[117]

Was werden die Zuhörer an dieser Stelle sagen? Einige werden mit Unmut auf den Gedanken reagieren, der bodenlose Taugenichts könnte noch einmal auf den Hof zurückkehren, nach allem, was vorgefallen war. Andere werden vielleicht Mitleid mit dem Sohn empfinden, ja, gewiss, den eigenen Sohn jagt man nicht einfach vom Hof, erst recht nicht, wenn er sein Unrecht eingesehen hat. Sicher, man wird ihn zurechtweisen, den Ärger spüren lassen. Er hat sich einiges geleistet – aber er ist doch das eigene Kind, mit dem man sich immer verbunden fühlen wird. Wie aber der Vater im Lukasevangelium reagiert, als er ihn von weitem sieht, das übersteigt wohl auch die Vorstellung wohlmeinender Zuhörer:

---

[117] Lk 15,17-19.

„Als er aber noch fern war, sah ihn sein Vater und wurde innerlich bewegt und lief hin und fiel ihm um seinen Hals und küßte ihn zärtlich. Der Sohn aber sprach zu ihm: Vater, ich habe gesündigt gegen den Himmel und vor dir; ich bin nicht mehr würdig, dein Sohn zu heißen. Der Vater aber sprach zu seinen Sklaven: Bringt das beste Kleid her und zieht es ihm an und tut einen Ring an seine Hand und Sandalen an seine Füße, und bringt das gemästete Kalb her und schlachtet es, und laßt uns essen und fröhlich sein! Denn dieser mein Sohn war tot und ist wieder lebendig geworden; war verloren und ist gefunden worden. Und sie fingen an fröhlich zu sein. "[118]

Was den Anwesenden dann durch den Kopf gehen mag, spricht der ältere Sohn deutlich aus:

„Siehe, so viel Jahre diene ich dir und habe dein Gebot noch nie übertreten; und du hast mir nie einen Bock gegeben, daß ich mit meinen Freunden fröhlich wäre. Nun aber dieser dein Sohn gekommen ist, der sein Gut mit Huren verschlungen hat, hast du ihm ein gemästet Kalb geschlachtet. "[119]

Ja, wo soll denn hier noch die Gerechtigkeit sein?

In diesen Kategorien denkt der Vater nicht – der Sohn hat sich zur Umkehr entschlossen, seine Fehler eingesehen, er ist wieder zu Hause: So antwortet er:

„Kind, du bist allezeit bei mir, und alles, was mein ist, ist dein. Es geziemte sich aber, fröhlich zu sein und sich zu freuen; denn dieser dein Bruder war tot und ist wieder lebendig geworden und verloren und ist gefunden worden. "[120]

Jesu Verkündigung ist so überzeugend und sein Auftreten überaus charismatisch, dass die Annahme nicht ausreicht, er habe seinen Mitmenschen nur verdeutlichen wollen, was es heißen könnte, dass Gott unvorstellbar gütig sei. Im Gegenteil: Es sind gerade nicht irgendwelche philosophische Studien, die Jesus vor seinem Auftreten als Prediger vielleicht absolviert hätte. Man muss vielmehr annehmen, dass er den Kern seiner Verkündigung, eben jene Liebe Gottes, *selbst authentisch erlebt* hat. Hierfür aber kann man nur eine transzendente bzw. mystische Erfahrung annehmen, aus der sein Sendungsbewusstsein erwachsen ist. Eine solche im Neuen Testament zu lokalisieren, ist nicht ganz unproblematisch[121]. Viel deutlicher sind die Umstände beim Bekehrungserlebnis

---

[118] Lk 15,20-24.
[119] Lk 15,29-31.
[120] Lk 15,31-32.
[121] Eine Interpretation der „Verklärung Jesu" in diese Richtung findet sich bei Högl, 2006, 153-154.

des Paulus mit seiner Licht- und Stimmenvision oder auch bei Mose, wenn man den brennenden Dornbusch als ein ursprünglich inneres Erleben versteht.

Auf jeden Fall bricht das Gottesbild Jesu mit jenen Vorstellungen, die noch einen strafenden, unnachsichtigen, kleinlichen jenseitigen Herrscher im Blick hatten. Das Göttliche als Inbegriff bedingungsloser Liebe wird so noch weiter von menschlichen Eigenschaften befreit, wie sie im Alten Testament noch zu finden waren, auch wenn es schon Prozesse der Aufklärung durchlaufen hatte.

Um dieses für die menschliche Vorstellungswelt so unzugängliche Wesen und seine Beziehung zum Menschen wieder begreifbar zu machen, verwendet Jesus den Vergleich einer Vater-Kind-Beziehung. Sie verdeutlicht am ehesten die sonst unbegreifliche bedingungslose Liebe. In einem der wichtigsten Gebete des Christentums, dem Vaterunser, kommt dieses persönliche und vertrauliche Bitten und Versprechen gegenüber Gott zum Ausdruck. Der „liebe Gott" aus Kindheitstagen bedeutet keineswegs eine infantile Sicht auf das Göttliche, der „liebe Gott" ist gerade der Gott der Liebe.

Die Gleichsetzung Gottes mit einer – freilich gütigen – Vaterfigur bedeutet keineswegs eine Bevorzugung des männlichen Geschlechts, auch wenn die Gesellschaft der damaligen Zeit patriarchalisch ausgerichtet war und auch das Alte Testament nur in wenigen Fällen[122] den Vergleich göttlichen Handelns mit dem einer Mutter kennt. Denn zur Stärkung der Vaterfigur mag auch die Abgrenzung zu Kulten aus der dem Mittelmeerraum oder Mesopotamien beigetragen haben, die eine Muttergöttin verehrt hatten. Diese war in der jeweiligen Götterwelt für die Fruchtbarkeit zuständig: Isis in Ägypten und Demeter in Griechenland gehören zu den bekanntesten Gottheiten, die dabei menschliche Züge mit Naturphänomenen verbinden. Genau davon war der biblische Glaube aber abgerückt.

Eine deutlich positive Hinwendung zur Mütterlichkeit findet sich bis heute im katholischen Christentum mit der Verehrung von Maria, die nicht nur als Jesu Mutter gilt, sondern auch theologisch mit dem Auftrag und der Botschaft Christi in Verbindung gebracht wird. Sie befindet sich durch diese Einordnung und die daraus entstandene Frömmigkeit gewissermaßen in einem göttlichen Schwerefeld und verkörpert all jene Eigenschaften, die mit mütterlicher Liebe umschrieben werden können. Zumindest in dieser Hinsicht ergänzt sie eine vielleicht doch als strenger verstandene väterliche *caritas*. Einem solchen Verständnis hängen freilich schon wieder geschlechtsspezifische menschliche Eigenschaften und Erfahrungen an. Die absolute, göttliche Liebe steht vom

---

[122] So heißt es etwa bei Jesaja (66,13): *„Wie einen, den seine Mutter tröstet, so will ich euch trösten."*

Wesen her jenseits anthropomorpher Definitionen von Liebe und ist gerade deshalb so schwer in Worte zu fassen. Die Verwendung von Gleichnissen und Vergleichen ist deswegen nicht unangemessen, aber sie dürfen nicht absolut gesetzt werden.

Die Liebe Gottes als Zentrum der christlichen Religion bedeutet nicht lediglich, dass ein positives Attribut des philosophischen Gottesbegriffs gleichsam mit Leben gefüllt wird, wie es im Gleichnis vom verlorenen Sohn durchaus geschieht. Zunächst nimmt das Bewusstsein davon jene Angst hinweg, die mit einem strafenden, stets rachsüchtigen, ja bisweilen bösartigen Gott einhergeht. Ein familiäres Verhältnis zwischen Schöpfer und Geschöpf – wie es auch durch die Ebenbildlichkeit im Alten Testament ansatzweise ausgedrückt wird – bedeutet auch ein gegenseitiges Vertrauen: Jenes des Menschen auf die göttliche Liebe, aber im Grunde auch umgekehrt das Vertrauen auf den Menschen, im Lichte jener Liebe ebenfalls nach moralischen Grundsätzen zu leben. So wird im Vaterunser die Vergebung der eigenen Schuld erbeten mit dem Versprechen *„wie auch wir unseren Schuldnern vergeben"*[123]. Die göttliche Liebe ist somit Erwartung und Vorbild einerseits sowie Handlungsauftrag und Richtschnur andererseits.

Dieser Maßstab der Liebe, die nun lebensbestimmend und -erfüllend sein sollte, muss sich auch bei der Verkündigung und beim Werben für den christlichen Glauben zeigen. Dass eine gewaltsame Verbreitung dem Anspruch Jesu widerspricht, zeigt sich schon in der großen Zahl christlicher Märtyrer, die von Anfang an verfolgt wurden. Gewalt widerspricht ganz grundsätzlich auch dem liebenden Wesen Gottes.

Diese Feststellung trifft Benedikt bei seiner Vorlesung in Regensburg, wobei er auf die Aussagen des byzantinischen Kaisers Manuel II. Palaeologos verweist, der die Gewalt als *„Widerspruch zum Wesen Gottes und zum Wesen der Seele"*[124] bezeichnet habe.

Benedikt zitiert wörtlich:

„[12b]Gott hat kein Gefallen am Blut", sagt er [der Kaiser], „und nicht vernunftgemäß, nicht „σὺν λόγω" zu handeln, ist dem Wesen Gottes zuwider. [13]Der Glaube ist Frucht der Seele, nicht des Körpers. [14]Wer also jemanden zum Glauben führen will, braucht die Fähigkeit zur guten Rede und ein rechtes Denken, nicht aber Gewalt und Drohung... [15a]Um eine vernünftige Seele zu

---

[123] Mt 6,12 – vgl. Lk 11,4.
[124] RR II,11.

überzeugen, braucht man nicht seinen Arm, nicht Schlagwerkzeuge noch sonst eines der Mittel, durch die man jemanden mit dem Tod bedrohen kann... "[125]

Manuels Begründung bedarf keiner großen Erläuterungen mehr, so dass Benedikt nur noch einmal betont:
„[16]Der entscheidende Satz in dieser Argumentation gegen Bekehrung durch Gewalt lautet: [17]Nicht vernunftgemäß handeln ist dem Wesen Gottes zuwider. "[126]

Gewalt widerspricht dem Wesen Gottes, also der göttlichen Vernunft. Sie wird mit dem griechischen Ausdruck *Logos* bezeichnet, der im Johannesprolog[127] verwendet wird um die Wirkung der göttlichen Vernunft zu beschreiben. Der Begriff selbst ist wie das gesamte Neue Testament in der griechischen Sprache verfasst und die philosophisch bedeutsamen Ausdrücke sind erwartungsgemäß schon durch die griechische Philosophie geprägt. Wenn die Verfasser des Neuen Testaments sie nun benutzen, deutet das schon an, dass die ursprünglich aus dem semitischen Sprachraum stammende christliche Bewegung geistesgeschichtlich gut mit der aufgeklärten griechischen Philosophie harmoniert. [128]

Benedikt betont, dass das *„[9]innere Zugehen aufeinander, das sich zwischen biblischem Glauben und griechischem philosophischem Fragen vollzogen hat, ein nicht nur religionsgeschichtlich, sondern weltgeschichtlich entscheidender Vorgang, [ist] der uns auch heute in die Pflicht nimmt. [10]Wenn man diese Begegnung sieht, ist es nicht verwunderlich, daß das Christentum trotz seines Ursprungs und wichtiger Entfaltungen im Orient schließlich seine geschichtlich entscheidende Prägung in Europa gefunden hat.* "[129]

Das Christentum hat also von der griechischen Philosophie den Gottesbegriff übernommen und ihn mit dem Inhalt der christlichen Botschaft weiter ausgefüllt:

„Das philosophisch und religionsgeschichtlich Bemerkenswerte an dieser Sicht der Bibel besteht darin, daß wir einerseits sozusagen ein streng metaphysisches Gottesbild vor uns haben: Gott ist der Urquell allen Seins überhaupt; aber dieser schöpferische Ursprung aller Dinge — der Logos, die Urvernunft — ist zugleich ein Liebender mit der ganzen Leidenschaft wirklicher Liebe. "[130]

---

[125] RR II,12b-15a.
[126] RR II,16-17.
[127] Beim Johannesprolog (Joh 1) handelt es sich um eine Vorrede zum Johannesevangelium, in der die Rolle Jesu über den göttlichen Logos mit der Schöpfungsgeschichte verbunden wird. Während die drei Evangelien nach Matthäus, Markus und Lukas große Gemeinsamkeiten aufweisen – man spricht von den Synoptikern – zeigen sich beim als Letztes entstandenen Johannestext Unterschiede.
[128] Vgl. dazu RR VII.
[129] RR IV,9-10.
[130] *Deus caritas est*, 10 (2006, 25-26).

Neben der *caritas* gibt es einen weiteren Pfeiler des Glaubens, dem Benedikt eine Enzyklika gewidmet hat: die Hoffnung.

Spe salvi

Wie die philosophische Diskussion der ersten Kapitel gezeigt hat, sollte das Vorhandensein moralischer Gebote über die irdische Vergänglichkeit des Menschen hinausweisen, eine – wie Kant es sagte: *Glückseligkeit*[131] – in der Transzendenz in Aussicht stellen.

Gerade wenn im Wesen Gottes die Liebe so wichtig ist, lässt sich daraus schließen, dass es auch einen Adressaten, einen Empfänger dieser Liebe geben muss, der diese dann auch konkret erfahren kann. Ein Schöpfer, der seine Geschöpfe liebt, wird sich selbstredend von Anfang an um deren Zukunft sorgen. Schon allein in diesem Vertrauen, in dieser Gewissheit geht der christliche Glaube von einem Leben nach dem Tod aus.

Im Alten Testament herrscht zunächst noch die Erwartung eines dunklen Schattenreichs vor, des *Scheol*, der mit einem Leben nach dem Tod nicht vergleichbar ist. Erst im Buch Daniel verdichten sich dann die Hoffnungen der Menschen auf eine individuelle Auferstehung.

Es heißt, *„viele von denen, die im Staub der Erde schlafen, werden erwachen: die einen zu ewigem Leben, die anderen zur Schande, zu ewigem Abscheu. Und die Verständigen werden leuchten wie der Glanz der Himmelsfeste; und die, welche die vielen zur Gerechtigkeit gewiesen haben, (leuchten) wie Sterne immer und ewig.“*[132]

In den sogenannten Apokryphen – nicht anerkannten und bloß als fromm erachteten religiösen Büchern – finden sich weitere Anhaltspunkte über die Erwartungen der damaligen Zeit. So beschreibt das äthiopische Buch Henoch jenseitige Orte, die bereits für das große Gericht über die Menschen vorbereitet sind. Die apokryphe Himmelfahrt des Jesaja[133] schildert eine Reise durch die sieben Himmeln, von denen jeder lichtvoller ist als der vorherige, bis der Reisende im siebenten *„ein wunderbares Licht und Engel ohne Zahl...“* wahrnimmt. Alle Anwesenden sind *„...entkleidet des fleischlichen Gewands ... in ihren höheren Gewändern, und sie waren wie die Engel, die daselbst in großer Herrlichkeit stehen.“*[134]

---

[131] Kant, 1979, 823.
[132] Dan 12,2-3.
[133] Zum äthiopischen Buch Henoch vgl. Weidinger, 302-346, zur Himmelfahrt Jesajas 511-520.
[134] Ebd., 515.

Weit knapper fallen die Jenseitsbeschreibungen im Neuen Testament aus: Zwar hat Jesus vom *„Hause meines Vaters"* gesprochen, in dem *"viele Wohnungen"*[135] für die Menschen bereitstünden, doch die gleichnishafte Sprache lässt wenig Konkretes erahnen.

Auch Paulus betont diese Gewissheit in seinem zweiten Brief an die Gemeinde in Korinth: *„Denn wir wissen, dass, wenn unser irdisches Zelthaus zerstört wird, wir einen Bau von Gott haben, ein nicht mit Händen gemachtes, ewiges Haus in den Himmeln."*[136]

Schon wegen der sparsamen Ausführungen haben sich im christlichen Umfeld zwei Versionen der Jenseitserwartung gebildet. Die eine geht von der alttestamentlich geprägten Auferstehung am Ende aller Zeiten aus, wenn auch über das Leben der Menschen zu Gericht gesessen wird. Bis dahin verharren die Toten in einer Art Totenschlaf. Eher von der griechischen Philosophie geprägt ist dagegen die Annahme, dass sich im Tod die Seele von ihrem Körper trennt und sich fortan im Jenseits aufhält. Die „technischen" Umstände eines neuen Lebens sind letztlich von nachrangigem Interesse, viel bedeutsamer ist die existenzielle Frage über die Natur des jenseitigen und unbegrenzten Lebens. Doch Benedikt wirft ein, was heute möglicherweise als Einwand erhoben wird:

"Wollen wir das eigentlich – ewig leben? Vielleicht wollen viele Menschen den Glauben heute einfach deshalb nicht, weil ihnen das ewige Leben nichts Erstrebenswertes zu sein scheint. Sie wollen gar nicht das ewige Leben, sondern dieses jetzige Leben, und der Glaube an das ewige Leben scheint dafür eher hinderlich zu sein. Ewig – endlos – weiterzuleben scheint eher Verdammnis als ein Geschenk zu sein. Gewiß, den Tod möchte man so weit hinausschieben wie nur irgend möglich. Aber immerfort und ohne Ende zu leben – das kann doch zuletzt nur langweilig und schließlich unerträglich sein."[137]

Ganz offensichtlich muss, nachdem das Gottesbild von anthropomorphen Elementen befreit worden ist, auch das Bild von einer Existenz jenseits des körperlichen Todes von anthropomorphen oder geomorphen Entstellungen gereinigt werden. Ein Leben in der Ewigkeit bedeutet einen völlig anderen, qualitativ neuen und sich in einer transzendenten Wirklichkeit entfaltenden Zustand, von dem auch die Einblicke der Mystiker und „Jenseitsreisenden" aller

---

[135] Joh 14,2.
[136] 2Kor 5,1.
[137] *Spe salvi*, 10 (2008, 30) – Genau in dieser Unerträglichkeit eines ewigen Fortexistierens liegt in den Religionen des Ostens der Grund für den Wunsch, aus dem ewigen Kreislauf der Wiedergeburten auszubrechen und erlöst zu werden. Dagegen handelt es sich bei der positiven Beurteilung der Reinkarnation im Westen – quasi als Chance zum Neuanfang – um ein Missverständnis.

Kulturen nur einen vagen ersten Eindruck erheischen konnten, den sie dann mit den beschränkten Mitteln der Sprache zu umschreiben versuchten. *„Wir können nur versuchen, aus der Zeitlichkeit, in der wir gefangen sind, herauszudenken und zu ahnen, daß Ewigkeit nicht eine immer weitergehende Abfolge von Kalendertagen ist, sondern etwas wie der erfüllte Augenblick, in dem uns das Ganze umfängt und wir das Ganze umfangen. Es wäre der Augenblick des Eintauchens in den Ozean der unendlichen Liebe, in dem es keine Zeit, kein Vor- und Nachher mehr gibt. Wir können nur versuchen zu denken, daß dieser Augenblick das Leben im vollen Sinn ist, immer neues Eintauchen in die Weite des Seins, indem wir einfach von der Freude überwältigt werden. So drückt es Jesus bei Johannes aus: "Ich werde euch wiedersehen, und euer Herz wird sich freuen, und eure Freude wird niemand von euch nehmen" (Joh 16, 22).*[138]

Dieser Glaube an eine transzendente Zukunft des Menschen und die Gewissheit eines bedingungslos liebenden Gottes bilden die beiden Grundpfeiler des Christentums. Das ist der Kern der Frohen Botschaft bzw. Guten Nachricht, wie die Übersetzung des aus dem griechischen stammenden Ausdrucks *Evangelium* bedeutet. Es ist das Wesentliche des christlichen Glaubens.

Lehrer und Lehre

Jesus von Nazareth, Sohn eines Zimmermanns, bedeutet dem Christentum mehr als es der bloße Überbringer einer Botschaft je sein hätte können. Hätte man in ihm lediglich einen weiteren Propheten gesehen, dann bestünde der christliche Glaube vornehmlich aus der von ihm verkündeten Lehre.

Schon die Bezeichnung Christus – von *Christos: der Gesalbte* – für den historischen Jesus zeigt aber, dass seine Bedeutung mit einer Botentätigkeit allein nicht abgedeckt ist. Über die Einordnung der Person Jesu hat es schon im frühen Christentum unterschiedliche Auffassungen gegeben und noch heute gibt es verschiedene theologische Blickwinkel. Natürlich muss sich eine Kirche auf eine gemeinsame Grundlage in Glaubensfragen einigen und in zentralen Fragen eine „offizielle" Position vertreten. Solange aber das Fundament des Glaubens gewahrt bleibt – und dazu gehören die zuvor genannten Grundpfeiler – sind neue Wege der Interpretation immer denkbar.

Wurde früher der Glaube einfach von Generation zu Generation weitergegeben, als ob es sich um ein Erbstück handelte und nicht selten gedankenlos, so wird er

---

[138] *Spe salvi* 12 (2008, 33-34).

heute kritisch beäugt und hinterfragt. Der aufgeklärte Mensch sucht nach vernünftigen Gründen, und solange er dies mit der Vernunft in ihrer ganzen Weite tut, kann man diesen Weg nur begrüßen. Nur der mündige Gläubige kann seine Religiosität authentisch weitergeben und nur er kann bei aufkommenden Zweifeln standfest bleiben. Ein Glaube, der sich aus Zwang oder Gewohnheit gespeist hat, wird von der Bildfläche verschwinden, sobald sich eine Gelegenheit ergibt. Wann die Kette der Tradition abreißt, ist dann nur eine Frage der Zeit.

Welche Bedeutung hat also Jesus im christlichen Glauben?

Zunächst fällt auf, mit welcher Authentizität Jesus die von ihm verkündete Botschaft in seinen eigenen Lebensweg übersetzt. So wie er von der göttlichen Liebe spricht und sie dabei mit einer ungeheuren väterlichen Liebe umschreibt, muss man fast annehmen, dass er sie in irgendeiner Weise selbst erfahren hat. Selbst wenn das Vaterunser in seiner vertrauten Sprache nahelegt, dass alle Menschen gleichnishaft als Kinder Gottes gelten können, ist Jesus selbst doch durch eine besondere Sohnschaft ausgezeichnet. Er scheint in ganz spezieller Weise „eins mit dem Vater"[139] zu sein. Wie aber lässt sich diese Eigenschaft vernünftig deuten, ohne aus dem historischen Jesus eine Übergestalt zu formen, die antiken Helden gleicht, welche am Ende dann doch unglaubwürdig wurden?

Das Glaubensbekenntnis der Kirche sieht Jesus als einen Sohn der, *„eines Wesens mit dem Vater"*[140], einem Botschafter gleich in die Welt geschickt wird, um die Menschheit zu retten. Diese Inkarnation hat schon immer die Frage aufgeworfen, wann sich der historische Jesus denn seiner Sendung bewusst geworden sein könnte und wie er dann den Zugang in die göttlich-transzendente Welt gefunden hat, wenn er doch im täglichen Leben auch „wahrer Mensch" mit allen Stärken und Schwächen gewesen ist. Im Neuen Testament wird beschrieben, wie Jesus auf vertraute Weise Gebete spricht, Gott als Vater um etwas bittet oder in seiner Verzweiflung nach ihm ruft.[141]
Die „Wesenseinheit mit dem Vater" lässt sich aber nicht nur als eine göttliche Abstammung begreifen. In dieser Vorstellung lauert bereits wieder die Gefahr eines anthropomorphen Gottesbildes, wie es aus der griechischen Antike bekannt ist. Tatsächlich ist die Vorstellung eines Vaters, der seinen Sohn als Boten schickt, eine gut verständliche Metapher, aber gerade in der heutigen Zeit kann

---

[139] Vgl. Joh. 10,30: *„Ich und der Vater sind eins."*
[140] Diese Definition *(consubstantialem Patri)* findet sich schon im Bekenntnis von Nicäa des Jahres 325.
[141] Bekannt ist das vertraute Gebet zum Vater, das *Vaterunser* (vgl. Mt 6,9-13; Lk 11,2-4), die verzweifelte Bitte um Verschonung im Garten Gethsemane (vgl. Mt 26,39; Mk 14,35-37; Lk 22,41-44) sowie seine letzten, an Gott gerichteten Worte in der Stunde des Todes (vgl. Mt 27,46; Mk 15,34; Lk 23,46; Joh 19,30).

sie zu einem falschen Verständnis führen und den Kern des Christentums verstellen.

Hinter allen Umschreibungen und Metaphern liegt eine ganz einfache, aber auch ganz wesentliche Wahrheit, die die Menschen seiner Zeit gespürt haben und die man seit damals in Worte und Erklärungen zu fassen versucht hat: Jesus muss jener göttlichen Liebe, von der er so authentisch berichtet, selbst begegnet sein. Was er predigt und selbst vorlebt, kann kaum der Phantasie entsprungen sein. Es muss wohl eine Gotteserfahrung gegeben haben, in der die göttliche Transzendenz mit der menschlichen Transzendenz eins wurden, wie in der Mystik. Die Vernunft Gottes hat dabei die ganze Weite der menschlichen Vernunft berührt. Der göttliche Logos, der schon immer war, wie es im Johannesprolog heißt, hat den menschlichen Logos Christi berührt: *„Und der Logos wurde Fleisch und wohnte unter uns"[142]*

Dieses gemeinsame Band kann nun auf zweierlei Weise umschrieben werden: Als genealogischer Ursprung, also als verwandtschaftliche Abstammung, so wie Jesu Stammbäume im Neuen Testament zu finden sind[143], nur jetzt auf einer höheren Ebene – oder als wesensmäßiger Ursprung, als gemeinsame Verankerung in der Transzendenz, wie es eine essenzielle, auf das Wesen bezogene Deutung nahelegen würde. Dann aber lässt sich die Gottessohnschaft in einer tiefen transzendenten Begegnung lokalisieren, ohne eine Umschreibung zu verwenden, die doch immer wieder anthropomorphe Züge annimmt. Jesus ist gerade nicht der abgesandte Prinz eines himmlischen Herrscherclans, sondern in Jesus wirkt der sonst unbegreifliche göttliche Geist in einer ganz besonderen Weise und authentisch.

Die Antwort auf Hiob

Das Attribut der Güte hat schon bei der philosophischen Gottesdefinition zur Frage nach dem Übel in der Welt geführt, das ein allmächtiger Gott doch nicht zulassen könne. Seitdem hat die Theodizeefrage eine Reihe von Antworten bekommen. So wurde immer wieder darauf verwiesen, dass ein Mensch nur dann wirklich frei sei, wenn er sich auch für Falsches und Schlechtes entscheiden könne. In der Tat: Wer nur Gutes tun *kann*, dem fehlen der Sinn für Freiheit

---

[142] Joh 1,14 – Auf die häufig anzutreffende deutsche Übersetzung des griechischen *Logos* mit *Wort* wurde zum besseren Verständnis verzichtet. Der Prolog beginnt dann: *Im Anfang war der Logos, und der Logos war bei Gott, und der Logos war Gott. Dieser war im Anfang bei Gott. Alles wurde durch denselben, und ohne denselben wurde auch nicht eines, das geworden ist* (Joh 1,1-3) – Vgl. dazu den Schöpfungsbericht der Genesis: *„Im Anfang schuf Gott die Himmel und die Erde. Und die Erde war wüst und leer, und Finsternis war über der Tiefe; und der Geist Gottes schwebte über den Wassern."* (1Mo 1,1-2).

[143] Das Matthäusevangelium geht bis Abraham, das Lukasevangelium bis Adam zurück, um Jesu Abstammung zu belegen (vgl. Mt 1,1-17; Lk 3,23-38).

sowie ein moralisches Bewusstsein. So lässt sich bereits ein durchaus großer Teil des Schlechten in der Welt erklären, wenn es denn einen menschlichen Ursprung hat.

Nun gibt es aber eine Reihe von Übeln, die scheinbar sinnlos über den Menschen hereinbrechen: Naturkatastrophen, Krankheiten, Schicksalsschläge. Gerade hier stellt sich die Frage nach dem *Warum* und noch mehr die Frage, weshalb ein göttlicher Eingriff ins Weltgeschehen offenbar ausbleibt. Im Alten Testament verliert Hiob, ein reicher und gottesfürchtiger Bauer, nach und nach seine Familie, seinen Besitz und schließlich seine Gesundheit. In seinem Elend klagt er voller Verzweiflung:

„Ich mag nicht mehr – nicht ewig will ich leben! Laß ab von mir! Meine Tage sind nur noch ein Hauch. ... Wie lange (noch) willst du nicht von mir wegblicken, nicht (einmal solange) von mir ablassen, bis ich meinen Speichel heruntergeschluckt habe? Habe ich gesündigt? Was tat ich dir an, du Wächter der Menschen? Warum hast du mich dir zur Zielscheibe gesetzt, und (warum) werde ich mir zur Last?“[144]

Im Buch Hiob wird um den theologisch bedeutsamen Kern der *Theodizee* eine Rahmenerzählung gelegt, die vermutlich älteren Ursprungs ist. Darin wird von einer Wette zwischen Gott und Satan um Hiobs Treue zu Gott berichtet, von der der so Geprüfte nichts weiß. Er verflucht schließlich sein mittlerweile unerträglich gewordenes Dasein:

„Es ekelt mich vor meinem Leben. Ich will meinen Kummer von mir lassen, will reden in der Bitterkeit meiner Seele“[145] *„Warum hast du mich aus dem Mutterleib hervorgezogen? Wäre ich doch umgekommen, so hätte mich kein Auge gesehen! Als wenn ich nie gewesen, so wäre ich (dann); vom Mutterschoß wäre ich dann zu Grabe geleitet worden. Sind meine Tage nicht (nur noch) wenige? Er lasse (doch) ab, wende sich von mir, daß ich ein wenig fröhlich werde, ehe ich hingehe – und nicht wiederkomme – in das Land der Finsternis und des Todesschattens...“*[146]

Hiobs Klage formt sich dann in eine Anklage gegen Gott, mit dem er sprichwörtlich ins Gericht geht:

„Siehe doch, ich habe den Rechtsfall vorgebracht; ich habe erkannt, daß ich recht behalten werde. Wer ist der, der mit mir den Rechtsstreit führen

---

[144] Hi 7,16-20.
[145] Hi 10,1.
[146] Hi 10,18-22.

könnte?"[147] Und später: *„Ach, dass ich wüßte, wie ich ihn finden und zu seiner Stätte kommen könnte! Ich wollte vor ihm den Rechtsfall darlegen und meinen Mund mit Beweisgründen füllen. Ich möchte (gern) die Worte wissen, die er mir (dann) antwortet, und erfahren, was er dann zu mir sagt"*[148]

Zu einem Gerichtsverfahren kommt es freilich nicht. Die Theodizeefrage wird insoweit aufgelöst, als nicht nur Hiobs Freunde ihn zu Demut und Zurückhaltung auffordern, sondern Gott selbst aus einer Wolke spricht und aufzeigt, wie sehr sich menschliche Einsicht und göttliche Größe unterscheiden. Weil Hiob trotz aller Prüfungen bis zum Ende Gott treu geblieben ist, wird er reich belohnt.

Das Neue Testament bedeutet eine Wende für das Gottesbild, aber auch für die Theodizeefrage. Schon die bedingungslose Liebe Gottes, wie sie von Jesus verkündet wurde, übersteigt die bislang herrschenden Vorstellungen von göttlicher Gerechtigkeit, der immer noch die menschlichen Vorstellungen von Recht, Regeln und Gerichtsverfahren anhaften. Wie im Gleichnis vom verlorenen Sohn oder besser: vom barmherzigen Vater übertrifft die Liebe von ihrem Wesen her schon das sonst herrschende Gerechtigkeitsempfinden. Wie kann aber nun ein Gott, der die Liebe selbst ist, das Leid in der Welt zulassen?

Die biblische Antwort liegt jenseits philosophischer Diskussionen. Sie zeigt sich im Leben Jesu, der für seine Botschaft am Ende hingerichtet wird. Gerade indem er, der in besonderer Weise als Sohn Gottes gilt, den Kreuzestod erleidet, nimmt er, „eines Wesens mit dem Vater", durch diesen transzendent-göttlichen Anteil ein Stück weit Gott selbst mit auf seinen Leidensweg und in seinen Tod hinein. Indem Gott also selbst mitleidet, entschärft sich die Theodizeefrage ein Stück weit. Gott steht nicht jenseits der Welt als Richter, der aber selbst teilnahmslos auf das Leid der Welt blickt, sondern er ist Teil des Geschehens.

Natürlich kann diese Deutung weder das Übel aus der Welt schaffen noch kann sie dem Leidenden eine zufriedenstellende Antwort geben. Sie eröffnet aber einen neuen Blickwinkel und erklärt, warum die Gottessohnschaft Jesu – wie immer man sie philosophisch deuten mag – mit seinem Tod zu tun hat und warum sie in der christlichen Theologie eine so große Bedeutung erlangt hat.

---

[147] Hi 13,18-19.
[148] Hi 23,3-5.

Beim Blick auf die Person Jesu treten zur rein philosophischen Perspektive nun vermehrt theologische Einflüsse hinzu. Die Definition Gottes über das zentrale Attribut der *caritas*, die Frage einer individuellen Existenz nach dem Tod oder einer transzendenten Wirklichkeit überhaupt sind fundamentale Themen, die die Philosophie behandelt. Auch wenn sie in einem religiösen Umfeld formuliert und metaphorisch eingekleidet, ja in Geschichten erzählt werden, sind es Fragen, die von der Vernunft beantwortet werden. Sie setzen kein religiöses Bekenntnis voraus und fordern keine kritiklose Annahme von Glaubenssätzen: Das philosophisch Vernünftige sollte für jedermann einsichtig sein.

Eine religiöse Gemeinschaft geht über dieses Ziel hinaus. Die genannten, allgemeinen Voraussetzungen des Glaubens werden von einer oft weit zurückreichenden Tradition ergänzt, in der sich die unterschiedlichsten Erzählungen über Gott und die Welt, über den Menschen und seine Geschichte, über religiöse Vorschriften und philosophische Grundfragen finden – wie in der Hiobsgeschichte. Je weiter zurück die Tradition reicht, umso mehr werden die heiligen Schriften zu einem kulturellen Tagebuch, das über die Grenzen des Religiösen im engeren Sinn hinausreicht.

Ob alles, was sich in diesen Quellen findet, für den Glauben bedeutsam ist, müssen Theologen entscheiden. Grundsätzlich aber werden die heiligen Schriften auf göttliche Offenbarungen zurückgeführt. Ob Gott dabei selbst oder durch andere spricht, ob sich für Propheten eine verborgene Wirklichkeit öffnet oder ob Sprüche und Erzählungen von einem – göttlichen – Geist inspiriert sind: Sie sind *nicht allein* Menschenwerk, sie haben etwas Heiliges in sich, das als wertvoll gilt. Ähnliches kann auch für Überlieferungen und Grundsätze gelten, die nicht schriftlich festgehalten sind.

Damit ist klar, dass Religionen mehr sind als nur Vereinigungen für die Erörterung wichtiger Lebensfragen, sie erschöpfen sich nicht in philosophischen Diskussionsrunden, sondern drücken ihre Grundsätze auf vielfältige Weise aus, in Gebeten und Gottesdiensten, Zeremonien und Riten. Wer sich selbst für „religiös unmusikalisch" hält, wird das Geschehen wohl für ein seltsames Schauspiel halten.

Religiöse Traditionen lassen sich zwar nicht bewahrheiten wie eine wissenschaftliche Theorie, schon weil es sich oft um bildliche Umschreibungen handelt, die kaum greifbar sind, sie sind deswegen aber noch lange nicht vor vernünftiger Diskussion sicher. Ob etwa ein Schriftstück wörtlich zu nehmen ist, ob es sinngemäß gilt oder ob es sich nur um eine fromme Dichtung handelt und nicht mehr, muss nicht nur theologisch gut geprüft werden. Selbstverständlich müssen auch historische Fakten und wissenschaftliche Expertisen hinzugezogen werden, um zu entscheiden, ob eine Quelle echt ist, ob eine Beschreibung übertrieben ist oder ob sich ein Ereignis gar nicht ereignet hat. In der christlichen Theologie hat sich – nicht zuletzt im Zuge der Aufklärung – die historisch-kritische Methode entwickelt, die wissenschaftliche Untersuchungen sehr wohl zulässt und anerkennt und auch die Frage stellt, welche Ereignisse authentisch sind und welche nur symbolisch zu nehmen sind.

Im Zentrum des Forschungsinteresses steht Jesus von Nazareth, der im Neuen Testament den Titel *Christus – der Gesalbte* – erhält. Anders als eine historische Quelle, die Ereignisse nur beschreibt, ist die Bibel zugleich eine theologische Schrift, die der Verbreitung und Vermittlung des Glaubens dient. So erzählen die vier Evangelien nicht nur das Leben und die Lehre Jesu, sondern deuten sie zugleich. Ähnlich trifft dies auf die Apostelgeschichte zu, die sich daran anschließt. Für die Wissenschaft ergibt sich hier die grundsätzliche Frage, wie zwischen dem historischen Jesus von Nazareth und dem bereits theologisch interpretierten Christus unterschieden werden kann. Weil außerchristliche Quellen nur sehr vage über Jesus und das Christentum berichten, bleibt nur eine Interpretation des Neuen Testaments. Außer Frage stehen aber das christliche Gottesbild, wie es Benedikt in seiner Enzyklika betont hat, sowie die – darin praktisch enthaltene – Hoffnung auf ein Überleben des Todes.

Eine sehr weitgehende historische und theologische Einordnung Christi hat Benedikt in einem dreibändigen Werk mit dem Titel „Jesus von Nazareth" vorgenommen.[149] Diese Veröffentlichung steht allerdings nicht im Zusammenhang mit dem Pontifikat. Im Gegenteil: Benedikt hat seine Gedanken nicht wegen, sondern trotz des arbeitsreichen Papstamtes zu Papier gebracht. Seine ursprüngliche Absicht, nach seiner Tätigkeit in der Glaubenskongregation wieder wissenschaftlichen Werken nachzugehen, hat sich ja nicht mehr in Gänze verwirklichen lassen.

Weil es hier in diesem Buch um die philosophischen Anliegen des Papstes geht, hätte es gereicht, die Lehre Jesu als mit der Vernunft vereinbar darzustellen und die besondere Rolle Christi als immerhin gut begründbar zu zeigen. Um dem Leser, der bis hierher gefolgt ist, noch einen weiteren Anstoß zu geben, soll nun die historische Rolle Jesu angedeutet werden, wie sie in der christlichen Theologie entwickelt wurde. Vielen Gläubigen sind einzelne Ausdrücke und Redewendung dieser Tradition bekannt, aber der Zusammenhang mit dem Alten Testament ist meist verborgen geblieben.

---

[149] Benedikt XVI., 2007.

Die christliche Theologie beginnt, wenn man so will, mit Jesus von Nazareth, der gerade im wörtlichen Sinne einer „Lehre von Gott" als Theologe wirkte. Die Theologie im Sinne einer Glaubenslehre übernehmen schließlich seine Anhänger, die Jesu Worte und Lebenslauf im Sinne der christlichen Botschaft interpretieren. Das Neue Testament – und nicht erst die Lehrschreiben, wie sie etwa vom Apostel Paulus bekannt sind – ist bereits ein Lehrtext. Weil zwischen dem Tod Jesu und der Abfassung der Evangelien mehrere Jahrzehnte vergangen waren, in denen sich die junge Gemeinde über ihren Glauben und ihren Auftrag klar geworden war, sind diese Interpretationen und Überlieferungen in die späteren heiligen Schriften integriert worden. Dabei haben schon die frühen christlichen Theologen Jesu Rolle aus den Prophezeiungen des Alten Testaments gedeutet.

So wird in Jesus der vom alttestamentlichen Propheten Jesaja vorhergesagte gerechte Gottesknecht erkannt, der als Erlöser angekündigt wurde, als Retter und Messias[150]:

„Ich, der HERR, ich habe in Gerechtigkeit gerufen und ergreife dich bei der Hand. Und ich behüte dich und mache dich zum Bund des Volkes, zum Licht der Nationen, blinde Augen aufzutun, um Gefangene aus dem Kerker herauszuführen (und) aus dem Gefängnis, die in der Finsternis sitzen."[151]

Die Formulierung lässt schon erkennen, dass sich das künftige Heil nicht nur auf das Volk Israel erstrecken soll, sondern auf die gesamte Menschheit. Eben diese universale Ausrichtung zeigt sich bei Jesus und später in der christlichen Religion. Bei Jesaja heißt es noch deutlicher:

„ ... Es ist zu wenig, dass du mein Knecht bist, um die Stämme Jakobs wieder aufzurichten und die Bewahrten Israels zurückzubringen. So habe ich dich (auch) zum Licht der Nationen gemacht, (daß) mein Heil reiche bis an die Enden der Erde."[152]

Der Begriff des Gottesknechts, der sich im Alten Testament findet, wird heute kaum noch verwendet. Mit etwas Mühe ließe er sich vielleicht auch auf Propheten und Helden anwenden. Doch die dann folgende Rede vom Lamm, das unschuldig geschlachtet wird, erinnert mit großer Deutlichkeit an die Passionsgeschichte:

---

[150] Der Titel ist eigentlich für den jüdischen König vorgesehen, doch Jesus sagt gegenüber Pontius Pilatus: *„Mein Reich ist nicht von dieser Welt"* (Joh 18,36).
[151] Jes 42,6-7.
[152] Jes 49,6.

„Wir alle irrten umher wie Schafe, wir wandten uns jeder auf seinen (eigenen) Weg, aber der HERR ließ ihn treffen unser aller Schuld. – Er wurde mißhandelt, aber er beugte sich und tat seinen Mund nicht auf wie das Lamm, das zur Schlachtung geführt wird und wie ein Schaf, das stumm ist vor seinen Scherern, und er tat seinen Mund nicht auf. – Aus Drangsal und Gericht wurde er hinweggenommen. Und wer wird über sein Geschlecht nachsinnen? Denn er wurde abgeschnitten vom Land der Lebendigen. Wegen der Vergehen seines Volkes (hat) ihn Strafe (getroffen). "[153]

Während einerseits Jesus in seinen Gleichnissen von Gott als dem guten Hirten erzählt, wird er bei Johannes selbst zum aufopferungsvollen Führer seiner Herde:

„Ich bin der gute Hirte, und ich kenne die Meinen und bin gekannt von den Meinen, wie der Vater mich kennt und ich den Vater kenne, und ich lasse mein Leben für die Schafe. "[154]

Am Ende aber wird der verachtete und gedemütigte Gottesknecht zum Opferlamm, dessen Schlachtung mit dem Tod am Kreuz erreicht ist. In die christliche Theologie wurde auch übernommen, dass der Knecht des Herrn die Schuld der Menschen auf sich nimmt:

„Doch dem HERRN gefiel es, ihn zu zerschlagen. Er hat ihn leiden lassen. Wenn er sein Leben als Schuldopfer eingesetzt hat, wird er Nachkommen sehen, er wird (seine) Tage verlängern. Und was dem HERRN gefällt, wird durch seine Hand gelingen. Und der Mühsal seiner Seele willen wird er (Frucht) sehen, er wird sich sättigen. Durch seine Erkenntnis wird der Gerechte, mein Knecht, den Vielen zur Gerechtigkeit verhelfen, und ihre Sünden wird er sich selbst aufladen...Er aber hat die Sünde vieler getragen und für die Verbrecher Fürbitte getan. "[155]

Die historische Bedeutung des Gottesknechts und sein absehbares Schicksal, so wie es Jesaja vermittelt hat, werden im Christentum in Jesus gesehen. Anders als viele wohl erhofft hatten, ging es diesem nicht um eine Befreiung Israels von der römischen Besatzung, sondern um eine innere Erlösung. Das Bild vom Gott der Liebe, wie sie sich im barmherzigen Vater zeigt, bedeutet eine geistige und geistliche Revolution, weil das Ende der Angst vor einem strafenden

---

[153] Jes 53,6-8.
[154] Joh 10,14-15. – Die Hirtenmetapher findet sich auch im Alten Testament, etwa bei Hes 34,12: *„Wie ein Hirte sich seiner Herde annimmt am Tag, da er unter seinen zerstreuten Schafen ist, so werde ich mich meiner Schafe annehmen und werde sie retten aus allen Orten...* ". Weithin bekannt ist der Beginn des 23. Psalms: *„Der Herr ist mein Hirte* ".
[155] Jes 53,10-12.

Herrschergott eine neue Vertrauensbasis schafft. Sünde und Schuld verlieren ihren existenzielle Schrecken und der Mensch wird frei für ein Leben in der Liebe Gottes wie auch zu den Mitmenschen. Gottes- und Menschenliebe gehören daher zu den Grundgeboten des christlichen Glaubens.[156] Indem Jesus diese Botschaft selbst lebt, geht er quasi in ihr auf.

Wer die christliche Religion von außen betrachtet, muss sowohl den philosophisch-existenziellen Kern erkennen, der sich recht einfach mit den Mitteln der Vernunft rechtfertigen lässt, aber er darf auch die biblische Tradition nicht außer Acht lassen, in der die Anhänger Jesu ihren Hirten gesehen haben und in der er wohl auch sich selbst gesehen hat.

Vernunft und Glaube – Auftrag und Vermächtnis Benedikts

Benedikts Pontifikat hat sich zum Ziel gesetzt, die Fundamente des christlichen Glaubens in den Mittelpunkt eines von Vernunft geleiteten Weltbilds zu rücken und dabei die biblische Tradition neu zu vermitteln. Als Pontifex hat er seine Aufgabe darin gesehen, den Hirtenstab gerade in einer Zeit weltanschaulicher Orientierungslosigkeit hochzuhalten und sich dem Zeitgeist entgegenzustemmen.

Seine Appelle an Wissenschaft und Politik, den Relativismus zu überwinden, der sich aus einem positivistischen Weltbild ergibt, und der Vernunft in ihrer ganzen Weite wieder zu vertrauen, verdeutlichen dieses Anliegen. Die materialistische Beschreibung der Wirklichkeit in ihre Schranken zu verweisen, ist primär Aufgabe der Philosophie, doch auch der religiöse Glaube wurzelt in diesem Fundament. Wie die Geschichte zeigt, sind die existenziellen Fragen des Menschens nur unter Einschluss einer transzendenten Wirklichkeit zu beantworten, die sich in persönlicher Erfahrung und rationalen Argumenten offenbart.

Im Wesen des *Creator Spiritus* verbindet Benedikt philosophisches Denken und christliche Tradition. So weist er die c*aritas* als zentrales göttliches Merkmal aus und rückt so den Kern der Frohen Botschaft wieder in den Mittelpunkt.[157] Die Bedeutung der ersten Enzyklika geht daher weit über den Wirkungskreis der katholischen Kirche hinaus. Damit wird der nach oben zeigende Hirtenstab in

---

[156] Vgl. Mt 22,36-40; Mk 12,28-33; Lk 10,27.
[157] Benedikt selbst bedeutet diese Enzyklika am meisten (vgl. Benedikt XVI, 2016, 238) und er bekennt: *„Schließlich ist mir immer deutlicher geworden, dass Gott selber nicht nur nicht, sagen wir, ein gewaltiger Machthaber ist und nicht eine ferne Gewalt, sondern dass Er Liebe ist und mich liebt – und von daher das Leben von Ihm ausgerichtet werden soll. Von dieser Kraft, die Liebe heißt."* (a. a. O, 273).

der Waagerechten dieser Welt zu einer Brücke für Menschen auf der Suche nach Orientierung.

Benedikts Weg durch die Zeit verbindet zwei christliche Ideale: Auf der einen Seite das Amt des Hirten, das der junge Georg Ratzinger zuerst als Priester, später als Bischof und Kardinal und schließlich als Papst ausübte, auf der anderen Seite den Theologen und Philosophen, der die Grundlagen des Glaubens immer wieder mit Vernunft durchleuchtet und zur Geltung gebracht hat. Als *Pontifex Philosophicus* hat Benedikt seinen Auftrag in einer stürmischen Zeit voller Gegenwinde mit großer Entschlossenheit gemeistert. Auf den Fundamenten, die er freigelegt und gestärkt hat, gilt es in Zukunft aufzubauen.

In einer zunehmend säkularen Welt wird es nötig sein, sich schon bei der Frage nach Gott *„von ... alten räumlichen Vorstellungen [zu] lösen"*[158] *„Hier muss zuallererst die Theologie noch gründlicher zu Werke gehen und den Menschen wieder Vorstellungsmöglichkeiten liefern. Da hat die Übersetzung von Theologie und Glaube in die Sprache von heute noch gewaltige Defizite.*"[159]

So wird es in Zukunft darum gehen, die Botschaft des Neuen Testaments auf neue Weise zu vermitteln. Das wird nicht heißen, sich einem Zeitgeist anzupassen und jeder spirituellen Modeerscheinung zu folgen. Aber so wie die biblische Tradition ihre Aussagen in Erzählungen und Bildern vermittelt, so wird man den Menschen ermuntern dürfen, eigene Gleichnisse und eine eigene Perspektive für den Glauben zu finden.

So wird das Christentum, wird die katholische Kirche in Zukunft weniger einer Burg gleichen, hinter deren Mauern sich alle versammeln, die ihre Unterschrift unter eine lange Liste von Glaubenswahrheiten gesetzt haben, als vielmehr einem großen Tempel auf freier Fläche, der weit in die Landschaft hineinstrahlt und dessen Zentrum die Menschen unterschiedlich stark anzieht. Manche werden sich im Inneren sammeln, andere gelegentlich ins Gebäude finden, wieder andere außen auf den Stufen sitzen oder auf den vorgelagerten Wiesen spazieren.

---

[158] Ebd., 269.
[159] Ebd., 269-270 – Für die Theologie gilt, so Benedikt schon im Vorwort des ersten Jesus-Buchs, dass *„der Raum der Hypothese nicht überschritten werden kann"*, weswegen es stets bei Interpretationen bleiben muss. – Benedikt weiter: *„Sicher, es gibt Hypothesen von hohem Gewissheitsgrad, aber insgesamt sollten wir uns der Grenze unserer Gewissheiten bewusst bleiben...."* (2007,16). Diese Bescheidenheit gilt auch für sein eigenes Werk: *„Es steht daher jedermann frei mir zu widersprechen. Ich bitte die Leserinnen und Leser nur um jenen Vorschuss an Sympathie, ohne den es kein Verstehen gibt"* (18) Aber: *„Wir können zwar nicht sagen: „Ich habe die Wahrheit", aber die Wahrheit hat uns, sie hat uns berührt. Und wir versuchen, uns von dieser Berührung leiten zu lassen"* (272).

Der christliche Glaube gibt der Welt weder eine eigene, religiöse Rechtsordnung noch eine bestimmte Staatsform vor, sondern akzeptiert vielmehr die moralische Orientierung an der Vernunft des Menschen.[160] Schon früh hat Benedikt betont, dass das eigene Gewissen selbst über der *„Forderung der kirchlichen Autorität"*[161] steht.

Ähnlich ist auch der Gottesbegriff ohne mythische Aufladung, im Gegenteil: Die biblische Abkehr von anthropomorphen Elementen mündet geradewegs in die Definition der Philosophen, die bei Johannes als *Logos* aufscheint. So verlässt sich der christliche Glaube in vielen Fragen des Lebens, ja sogar in den philosophischen Voraussetzungen der eigenen Religion und in der akademischen Theologie auf die Vernunft.

Wo die Philosophie ihre Grenzen findet, da füllt die biblische Tradition die Grundfragen des Menschen mit Leben. Die Musik des Religiösen erreicht nicht alle Herzen in gleicher Weise, aber eine harmonische Komposition kann die Weite der Wirklichkeit doch ein Stück weit erfahrbar machen.

Das große Vermächtnis des *Pontifex Philosophicus* ist die Rückbesinnung auf die Grundfragen des Menschen sowie auf das zentrale Anliegen des christlichen Glaubens. Auf diesen Fundamenten wird die Kirche aufbauen, wenn sie in der modernen Welt ihre Botschaft glaubwürdig verkünden will. Benedikts Wirken wird daher noch lange in Erinnerung bleiben.

---

[160] Vgl. BT III,4-5: *„⁴Im Gegensatz zu anderen großen Religionen hat das Christentum dem Staat und der Gesellschaft nie ein Offenbarungsrecht, nie eine Rechtsordnung aus Offenbarung vorgegeben. ⁵Es hat stattdessen auf Natur und Vernunft als die wahren Rechtsquellen verwiesen – auf den Zusammenklang von objektiver und subjektiver Vernunft, der freilich das Gegründetsein beider Sphären in der schöpferischen Vernunft Gottes voraussetzt. "*
[161] Zit. n. Batlogg, 2010, 721. Schon als Joseph Ratzinger hat er in einem Kommentar zur Enzyklika des II. Vatikanischen Konzils (1962-1965) *Gaudium et spes* betont: *„Über dem Papst als Ausdruck für den bindenden Anspruch der kirchlichen Autorität steht noch das eigene Gewissen, dem zuallererst zu gehorchen ist, notfalls auch gegen die Forderung der kirchlichen Autorität. "*

X. Literaturverzeichnis

Batlogg, Andreas R. *Zuerst das Gewissen und dann der Papst.* Stimmen der Zeit 11 (2010): 721-722.

Benedikt XVI. *Auf Hoffnung hin gerettet. Die Enzyklika „Spe salvi".* Freiburg: 2008.

Benedikt XVI. *Enzyklika Deus caritas est. Gott ist die Liebe.* Kisslegg: 2006.

Benedikt XVI. *Glaube, Vernunft und Universität. Erinnerungen und Reflexionen.* In: Dohmen, Christoph (Hg.). *Die „Regensburger Vorlesung" Papst Benedikts XVI. im Dialog der Wissenschaften.* Regensburg, 2007: 15-26.

Benedikt XVI. *Jesus von Nazareth. Erster Teil: Von der Taufe im Jordan bis zur Verklärung.* Freiburg im Breisgau: 2007.

Benedikt XVI. *Letzte Gespräche.* Mit Peter Seewald. München: 2016.

Benedikt XVI. *Unser Glaube und die Vernunft. Die Regensburger Rede – eine Ermutigung für unseren Glauben. Kommentiert von Gerhard Kardinal Müller.* Leipzig: 2016.

Bonk, Sigmund A. *„ ... der Vernunft ihre ganze Weite wieder eröffnen"? Eine Nachfrage und der Versuch ihrer Beantwortung.* In: Dohmen, Christoph (Hg.). *Die „Regensburger Vorlesung" Papst Benedikts XVI. im Dialog der Wissenschaften.* Regensburg, 2007: 73-85.

Busse, Ralf und Hans Rott. *Bedarf die moderne Philosophie einer Ausweitung des wissenschaftlichen Vernunftbegriffs?* In: Dohmen, Christoph (Hg.). *Die „Regensburger Vorlesung" Papst Benedikts XVI. im Dialog der Wissenschaften.* Regensburg, 2007: 86-99.

Carnap, Rudolf. *Der logische Aufbau der Welt.* Hamburg: 1998.

Darlington, C.D. *Die Gesetze des Lebens.* München: 1962.

Davies, Paul. *Gott und die moderne Physik.* München: 1989.

Dawkins, Richard. *Das egoistische Gen.* Reinbek: 2004.

Descartes, René. *Meditationen über die Erste Philosophie.* Übs. Gerhardt Schmidt (Hg.). Stuttgart: 1991.

Die Apokryphen. Hg. Erich Weidinger. Augsburg: o.D.

Die Bibel. Aus dem Grundtext übersetzt. Revidierte Elberfelder Bibel. Wuppertal: 1987.

Diels, Hermann. *Die Fragmente der Vorsokratiker.* Hamburg: 1957.

Ditfurth, Hoimar von. *Wir sind nicht nur von dieser Welt. Naturwissenschaft, Religion und die Zukunft des Menschen.* Hamburg: 1981.

Ditfurth, Hoimar von. *Zusammenhänge. Gedanken zu einem naturwissenschaftlichen Weltbild.* Hamburg: 1974.

Dohmen, Christoph (Hg.). *Die „Regensburger Vorlesung" Papst Benedikts XVI. im Dialog der Wissenschaften.* Regensburg: 2007.

Dress, Andreas [u.a.] (Hg.). *Selbstorganisation. Die Entstehung von Ordnung in Natur und Gesellschaft.* München: 1986.

Einstein, Albert und Leopold Infeld. *Die Evolution der Physik.* Übs. Werner Preusser. Augsburg: 1991.

Freud, Sigmund. *Abriss der Psychoanalyse. Das Unbehagen in der Kultur.* Frankfurt am Main [u.a.]: 1965.

Freud, Sigmund. *Darstellungen der Psychoanalyse.* Frankfurt am Main [u.a.]: 1980.

Freud, Sigmund. *Massenpsychologie und Ich-Analyse. Die Zukunft einer Illusion.* Frankfurt am Main: 1995.

Fromm, Erich. *Psychoanalyse und Ethik.* Frankfurt am Main [u.a.]: 1970.

Gehlen, Arnold. *Anthropologische Forschung. Zur Selbstbegegnung und Selbstentdeckung des Menschen.* Reinbek bei Hamburg: 1967.

Goethe, Johann Wolfgang von. *Faust. Der Tragödie Erster Teil.* Stuttgart: 2006.

Hawking, Steven. *Eine kurze Geschichte der Zeit. Die Suche nach der Urkraft des Universums.* Reinbek bei Hamburg: 1989.

Höfling, Oskar. *Physik Bd.II Teil 1. Mechanik – Wärme.* Bonn: 1973.

Högl, Stefan. *Transzendenzerfahrungen. Nahtoderlebnisse im Spiegel von Wissenschaft und Religion. Diss.* Marburg: 2006.

Horgan, John. *An den Grenzen des Wissens. Siegeszug und Dilemma der Naturwissenschaften.* München: 1997.

Kant, Immanuel. *Beantwortung der Frage: Was ist Aufklärung?* Berlinische Monatsschrift. Berlin: Dezember 1784.

Kant, Immanuel. *Kritik der reinen Vernunft.* Hg. Raymund Schmidt. Leipzig: 1979.

Küppers, Bernd Olaf. *Wissenschaftsphilosophische Aspekte der Lebensentstehung.* In: Dress, Andreas [u.a.] (Hg.). *Selbstorganisation. Die Entstehung von Ordnung in Natur und Gesellschaft.* München, 1986: 81-101.

Kuhn, Thomas. *Die Struktur wissenschaftlicher Revolutionen.* Frankfurt:1973.

Kunzmann, Peter [u.a.]. *dtv-Atlas zur Philosophie.* München: 1992.

Kutschera, Franz von. *Die falsche Objektivität.* Berlin [u.a.]: 1993.

Kutschera, Franz von. *Die großen Fragen. Philosophisch-theologische Gedanken.* Berlin [u.a.]: 2000.

Kutschera, Franz von. *Grundfragen der Erkenntnistheorie.* Berlin [u.a.]:1982.

Kutschera, Franz von. *Grundlagen der Ethik.* Berlin [u.a.]: 1999.

Kutschera, Franz von. *Vernunft und Glaube.* Berlin [u.a.]: 1991.

Lévy-Bruhl, L. *Das Denken der Naturvölker.* Wien, Leipzig: 1926.

Lewis, David. *New Work for a Theory of Universals*. Australasian Journal
   of Philosophy. Vol. 61 (4) December 1983: 343-377.

Lorenz, Konrad. *Das sogenannte Böse. Zur Naturgeschichte der
   Aggression*. Wien: 1973.

Lorenz, Konrad. *Die Rückseite des Spiegels. Versuch einer
   Naturgeschichte menschlichen Erkennens*. München: 1973.

Lorenz, Konrad. *Gespräche mit Richard I. Evans, ein Briefwechsel mit
   Donald Campbell und vier Essays*. Hg. Richard I. Evans. Frankfurt am
   Main [u.a.]: 1977.

Lorenz, Konrad. *Hier bin ich – wo bist du? Ethologie der Graugans*.
   München: 1988.

Lukrez. *Von der Natur der Dinge*. Hg. Walther Killy. Frankfurt am Main
   [u.a.]: 1960.

Mann, Ulrich. *Einführung in die Religionsphilosophie*. Darmstadt: 1970.

Monod, Jacques. *Zufall und Notwendigkeit*. München: 1971.

Moody, Raymund A. *Leben nach dem Tod. Die Erforschung einer
   unerklärten Erfahrung*. Reinbek bei Hamburg: 1977.

Nagel, Thomas. *Warum die materialistische neodarwinistische
   Konzeption der Natur so gut wie sicher falsch ist*. Berlin: 2014.

Nietzsche, Friedrich. *Die Fröhliche Wissenschaft*. Stuttgart: 1965.

Piaget, Jean. *Der Aufbau der Wirklichkeit beim Kinde*. Stuttgart: 1974.

Platons Staatsschriften. Übs. Wilhelm Andreae. Zweiter Teil: Staat. Jena: 1925.

Portmann, Adolf. *Probleme des Lebens. Einführung in die Biologie*.
   Basel: 1955.

Ratzinger, Joseph. Benedikt XVI. *Jesus von Nazareth*. Freiburg im
   Breisgau: 2007.

Rensch, Bernhard. *Das universale Weltbild. Evolution und
   Naturphilosophie*. Frankfurt am Main: 1977.

Salamun, Kurt (Hg.). *Was ist Philosophie?* Tübingen: 1992.

Schavan, Annette (Hg.). *Päpste vor Parlamenten. In Verantwortung vor
   Gott und den Menschen*. Freiburg [u.a.]: 2015.

Schlick, Moritz. *Die Wende der Philosophie*. In: Kurt Salamun (Hg.) *Was
   ist Philosophie?* Tübingen, 1992: 13-19.

Shapiro, Robert. *Schöpfung und Zufall*. München: 1987.

Singer, Peter. *Praktische Ethik*. Stuttgart: 1994.

Skinner, B.F. *Jenseits von Freiheit und Würde*. Reinbek bei Hamburg: 1973.

Trefil, James. *Fünf Gründe, warum es die Welt nicht geben kann. Die
   Astrophysik der Dunklen Materie*. Reinbek bei Hamburg: 1993.

Weinberg, Steven. *Die ersten drei Minuten. Der Ursprung des
   Universums*. München: 1977.

Zaleski, Carol. *Nah-Todeserlebnisse und Jenseitsvisionen vom Mittelalter
   bis zur Gegenwart*. Frankfurt am Main [u.a.]: 1993.

XI. Anhang 1: Die Regensburger Rede

Editierte Rede Papst Benedikts XVI. in der Aula Magna der Universität Regensburg am 12. September 2006:

I. Begrüßung und Rückblick:
Vernunft im universitären Diskurs: Die Aufgabe der Theologie

[1]*Eminenzen, Magnifizenzen, Exzellenzen,
verehrte Damen und Herren!*

[2]Es ist für mich ein bewegender Augenblick, noch einmal in der Universität zu sein und noch einmal eine Vorlesung halten zu dürfen. [3]Meine Gedanken gehen dabei zurück in die Jahre, in denen ich an der Universität Bonn nach einer schönen Periode an der Freisinger Hochschule meine Tätigkeit als akademischer Lehrer aufgenommen habe. [4]Es war – 1959 – noch die Zeit der alten Ordinarien-Universität. [5]Für die einzelnen Lehrstühle gab es weder Assistenten noch Schreibkräfte, dafür aber gab es eine sehr unmittelbare Begegnung mit den Studenten und vor allem auch der Professoren untereinander. [6]In den Dozentenräumen traf man sich vor und nach den Vorlesungen. [7]Die Kontakte mit den Historikern, den Philosophen, den Philologen und natürlich auch zwischen beiden Theologischen Fakultäten waren sehr lebendig. [8]Es gab jedes Semester einen sogenannten *Dies academicus*, an dem sich Professoren aller Fakultäten den Studenten der gesamten Universität vorstellten und so ein Erleben von *Universitas* möglich wurde – auf die Sie, Magnifizenz, eben auch hingewiesen haben – möglich wurde ein wenig zu sehen, daß wir in allen Spezialisierungen, die uns manchmal sprachlos füreinander machen, doch ein Ganzes bilden und im Ganzen der einen Vernunft mit all ihren Dimensionen arbeiten und so auch in einer gemeinschaftlichen Verantwortung für den rechten Gebrauch der Vernunft stehen – das wurde erlebbar. [9]Die Universität war auch durchaus stolz auf ihre beiden Theologischen Fakultäten. [10]Es war klar, daß auch sie, indem sie nach der Vernunft des Glaubens fragen, eine Arbeit tun, die notwendig zum Ganzen der *Universitas scientiarum* gehört, auch wenn nicht alle den Glauben teilen konnten, um dessen Zuordnung zur gemeinsamen Vernunft sich die Theologen mühen. [11a]Dieser innere Zusammenhalt im Kosmos der Vernunft wurde auch nicht gestört, als einmal verlautete, einer der Kollegen habe geäußert, an unserer Universität gebe es etwas Merkwürdiges: [b]zwei Fakultäten, die sich mit etwas befaßten, was es gar nicht gebe – mit Gott. [12]Daß es auch solch radikaler Skepsis gegenüber notwendig und vernünftig bleibt, mit der Vernunft nach Gott zu fragen und es im Zusammenhang der Überlieferung des christlichen Glaubens zu tun, war im Ganzen der Universität unbestritten.

II. Glaube versus Vernunft: Gewalt widerspricht dem Wesen Gottes

[1]All dies ist mir wieder in den Sinn gekommen, als ich kürzlich den von Professor Theodore Khoury (Münster) herausgegebenen Teil des Dialogs las, den der gelehrte

byzantinische Kaiser Manuel II. Palaeologos wohl 1391 im Winterlager zu Ankara mit einem gebildeten Perser über Christentum und Islam und beider Wahrheit führte. [2a]Der Kaiser hat vermutlich während der Belagerung von Konstantinopel zwischen 1394 und 1402 den Dialog aufgezeichnet; [b]so versteht man auch, daß seine eigenen Ausführungen sehr viel ausführlicher wiedergegeben sind, als die seines persischen Gesprächspartners. [3a]Der Dialog erstreckt sich über den ganzen Bereich des von Bibel und Koran umschriebenen Glaubensgefüges und kreist besonders um das Gottes- und das Menschenbild, aber auch immer wieder notwendigerweise um das Verhältnis der, wie man sagte, „drei Gesetze", „drei Lebensordnungen": [b]Altes Testament – Neues Testament – Koran. [4]Jetzt, in dieser Vorlesung möchte ich darüber nicht handeln, nur einen – im Aufbau des ganzen Dialogs eher marginalen – Punkt berühren, der mich im Zusammenhang des Themas Glaube und Vernunft fasziniert hat und der mir nur als Ausgangspunkt für meine Überlegungen zu diesem Thema dient.

[5]In der von Professor Khoury herausgegebenen siebten Gesprächsrunde – das Ganze heißt dialogos, und die zwanzig Gesprächsrunden dialexis, in der siebten also – kommt der Kaiser auf das Thema des *Djihad*, des heiligen Krieges zu sprechen. [6a]Der Kaiser wußte sicher, daß in *Sure* 2, 256 steht: [b]Kein Zwang in Glaubenssachen – es ist eine der frühen *Suren* aus der Zeit, wie uns die Kenner sagen, in der Mohammed selbst noch machtlos und bedroht war. [7]Aber der Kaiser kannte natürlich auch die im Koran niedergelegten – später entstandenen – Bestimmungen über den heiligen Krieg. [8]Ohne sich auf Einzelheiten wie die unterschiedliche Behandlung von „Schriftbesitzern" und „Ungläubigen" einzulassen, wendet er sich in erstaunlich schroffer, uns überraschend schroffer Form ganz einfach mit der zentralen Frage nach dem Verhältnis von Religion und Gewalt überhaupt an seinen Gesprächspartner. [9a]Er sagt - ich zitiere: [b]„Zeig mir doch, was Mohammed Neues gebracht hat, und da wirst du [c]– so sagt er – nur Schlechtes und Inhumanes finden wie dies, daß er vorgeschrieben hat, den Glauben, den er predigte, durch das Schwert zu verbreiten". [10]Der Kaiser begründet, nachdem er so zugeschlagen hat, dann eingehend, warum Glaubensverbreitung durch Gewalt widersinnig ist. [11]Sie steht im Widerspruch zum Wesen Gottes und zum Wesen der Seele. [12a]Ich zitiere nochmal wörtlich: [b]„Gott hat kein Gefallen am Blut", „und nicht vernunftgemäß, nicht „σὺν λόγω" zu handeln, ist dem Wesen Gottes zuwider. [13]Der Glaube ist Frucht der Seele, nicht des Körpers. [14]Wer also jemanden zum Glauben führen will, braucht die Fähigkeit zur guten Rede und ein rechtes Denken, nicht aber Gewalt und Drohung... [15a]Um eine vernünftige Seele zu überzeugen, braucht man nicht seinen Arm, nicht Schlagwerkzeuge noch sonst eines der Mittel, durch die man jemanden mit dem Tod bedrohen kann...". [b]Soweit Manuel.

[16]Der entscheidende Satz in dieser Argumentation gegen Bekehrung durch Gewalt lautet: [17]Nicht vernunftgemäß handeln ist dem Wesen Gottes zuwider. [18]Der Herausgeber, Theodore Khoury, kommentiert dazu: [19]Für den Kaiser als einen in griechischer Philosophie aufgewachsenen Byzantiner ist dieser Satz evident. [20a]Für die moslemische Lehre hingegen [b]– sagt uns Khoury – ist Gott absolut transzendent. [21]Sein Wille ist an keine unserer Kategorien gebunden und sei es die der Vernünftigkeit. [22]Khoury zitiert dazu eine Arbeit des bekannten französischen Islamologen Arnaldez, der darauf hinweist, daß Ibn Hazm so weit gehe zu erklären, daß Gott auch nicht durch sein eigenes Wort gehalten sei und daß nichts ihn dazu verpflichte, uns die Wahrheit zu offenbaren. [23]Wenn er es wollte, müsse der Mensch auch Götzendienst treiben.

III. Glaube begegnet Vernunft: Die biblische Tradition

[1]An dieser Stelle tut sich ein Scheideweg im Verständnis Gottes und so in der konkreten Verwirklichung von Religion auf, der uns heute ganz unmittelbar herausfordert. [2]Ist es nur griechisch zu glauben, daß vernunftwidrig zu handeln dem Wesen Gottes zuwider ist, oder gilt das immer und in sich selbst? [3]Ich denke, daß an dieser Stelle der tiefe Einklang zwischen dem, was im besten Sinn griechisch ist, und dem auf der Bibel gründenden Gottesglauben sichtbar wird. [4]Den ersten Vers der Genesis, den ersten Vers der Heiligen Schrift überhaupt abwandelnd, hat Johannes den Prolog seines Evangeliums mit dem Wort eröffnet: [5]Im Anfang war der Logos. [6]Dies ist genau das Wort, das der Kaiser gebraucht: [7]Gott handelt „σὺν λόγῳ", mit Logos. [8]Logos ist Vernunft und Wort zugleich – eine Vernunft, die schöpferisch ist und sich mitteilen kann, aber eben als Vernunft. [9]Johannes hat uns damit das abschließende Wort des biblischen Gottesbegriffs geschenkt, in dem alle die oft mühsamen und verschlungenen Wege des biblischen Glaubens an ihr Ziel kommen und ihre Synthese finden. [10]Im Anfang war der Logos, und der Logos ist Gott, so sagt uns der Evangelist. [11]Das Zusammentreffen der biblischen Botschaft und des griechischen Denkens war kein Zufall. [12]Die Vision des heiligen Paulus, dem sich die Wege in Asien verschlossen und der nächtens in einem Gesicht einen Mazedonier sah und ihn rufen hörte: Komm herüber und hilf uns – diese Vision darf als Verdichtung des von innen her nötigen Aufeinanderzugehens zwischen biblischem Glauben und griechischem Fragen gedeutet werden.

[13]Dabei war dieses Zugehen längst im Gang. [14]Schon der geheimnisvolle Gottesname vom brennenden Dornbusch, der diesen Gott aus den Göttern mit den vielen Namen herausnimmt und von ihm einfach das „Ich bin", das Dasein aussagt, ist eine Bestreitung des Mythos, zu der der sokratische Versuch, den Mythos zu überwinden und zu übersteigen, in einer inneren Analogie steht. [15]Der am Dornbusch begonnene Prozeß kommt im Innern des Alten Testaments zu einer neuen Reife während des Exils, wo nun der landlos und kultlos gewordene Gott Israels sich als den Gott des Himmels und der Erde verkündet und sich mit einer einfachen, das Dornbusch-Wort weiterführenden Formel vorstellt: [16]„Ich bin's." [17]Mit dem neuen Erkennen Gottes geht eine Art von Aufklärung Hand in Hand, die sich im Spott über die Götter drastisch ausdrückt, die nur Machwerke der Menschen seien. [18a]So geht der biblische Glaube in der hellenistischen Epoche bei aller Schärfe des Gegensatzes zu den hellenistischen Herrschern, die die Angleichung an die griechische Lebensweise und ihren Götterkult erzwingen wollten, [b]ich sage, der biblische Glaube geht bei aller Schärfe der Auseinandersetzung dem Besten des griechischen Denkens von innen her entgegen zu einer gegenseitigen Berührung, wie sie sich dann besonders in der späten Weisheits-Literatur vollzogen hat. [19]Heute wissen wir, daß die in Alexandrien entstandene griechische Übersetzung des Alten Testaments – die Septuaginta – mehr als eine bloße (vielleicht sogar wenig positiv zu beurteilende) Übersetzung des hebräischen Textes, sondern ein selbständiger Textzeuge und ein eigener wichtiger Schritt der Offenbarungsgeschichte ist, in dem sich diese Begegnung auf eine Weise realisiert hat, die für die Entstehung des Christentums und seine Verbreitung entscheidende Bedeutung gewann. [20]Zutiefst geht es dabei um die Begegnung zwischen Glaube und Vernunft, zwischen rechter Aufklärung und Religion. [21]Manuel II. hat wirklich aus dem inneren Wesen des christlichen Glaubens heraus und zugleich aus dem Wesen des Griechischen, das sich mit dem Glauben verschmolzen hatte, sagen können: [22]Nicht „mit dem Logos" handeln, ist dem Wesen Gottes zuwider

118

IV. Biblische Tradition und griechische Philosophie: Eine historische Verbindung

[1]Hier ist der Redlichkeit halber anzumerken, daß sich im Spätmittelalter Tendenzen der Theologie entwickelt haben, die diese Synthese von Griechischem und Christlichem aufsprengen. [2]Gegenüber dem sogenannten augustinischen und thomistischen Intellektualismus beginnt bei Duns Scotus eine Position des Voluntarismus, die schließlich in den weiteren Entwicklungen dazu führt zu sagen, wir kennten von Gott nur seine *Voluntas ordinata*. [3]Jenseits davon gebe es die Freiheit Gottes, kraft derer er auch das Gegenteil von allem, was er getan hat, hätte machen und tun können. [4]Hier zeichnen sich Positionen ab, die denen von Ibn Hazm durchaus nahekommen können und auf das Bild eines Willkür-Gottes zulaufen könnten, der auch nicht an die Wahrheit und an das Gute gebunden ist. [5]Die Transzendenz und die Andersheit Gottes werden so weit übersteigert, daß auch unsere Vernunft, unser Sinn für das Wahre und Gute kein wirklicher Spiegel Gottes mehr sind, dessen abgründige Möglichkeiten hinter seinen tatsächlichen Entscheiden für uns ewig unzugänglich und verborgen blieben. [6]Demgegenüber hat der kirchliche Glaube immer daran festgehalten, daß es zwischen Gott und uns, zwischen seinem ewigen Schöpfergeist und unserer geschaffenen Vernunft eine wirkliche Analogie gibt, in der zwar – wie das Vierte Laterankonzil 1215 sagt – die Unähnlichkeiten unendlich größer sind als die Ähnlichkeiten, dass aber eben doch die Analogie und ihre Sprache nicht aufgehoben werden. [7]Gott wird nicht göttlicher dadurch, daß wir ihn in einen reinen und undurchschaubaren Voluntarismus entrücken, sondern der wahrhaft göttliche Gott ist der Gott, der sich als Logos gezeigt und als Logos liebend für uns gehandelt hat. [8]Gewiß, die Liebe „übersteigt", wie Paulus sagt, die Erkenntnis und vermag daher mehr wahrzunehmen als das bloße Denken, aber sie bleibt doch Liebe des Gottes-Logos, weshalb christlicher Gottesdienst, wie noch einmal Paulus sagt, „λογικη λατρεία" ist – Gottesdienst, der im Einklang mit dem ewigen Wort und mit unserer Vernunft steht. [9]Dieses hier angedeutete innere Zugehen aufeinander, das sich zwischen biblischem Glauben und griechischem philosophischem Fragen vollzogen hat, ist ein nicht nur religionsgeschichtlich, sondern weltgeschichtlich entscheidender Vorgang, der uns auch heute in die Pflicht nimmt. [10]Wenn man diese Begegnung sieht, ist es nicht verwunderlich, daß das Christentum trotz seines Ursprungs und wichtiger Entfaltungen im Orient schließlich seine geschichtlich entscheidende Prägung in Europa gefunden hat. [11]Wir können auch umgekehrt sagen: [12]Diese Begegnung, zu der dann noch das Erbe Roms hinzutritt, hat Europa geschaffen und bleibt die Grundlage dessen, was man mit Recht Europa nennen kann.

V. Enthellenisierung in der Reformationszeit:
Die Suche nach biblischer Ursprünglichkeit

[1]Die These, daß das kritisch gereinigte griechische Erbe wesentlich zum christlichen Glauben gehört, dieser These steht die Forderung nach der Enthellenisierung des Christentums entgegen, die seit dem Beginn der Neuzeit wachsend das theologische Ringen beherrscht. [2]Wenn man näher zusieht, kann man drei Wellen des Enthellenisierungsprogramms beobachten, die zwar miteinander verbunden, aber in ihren Begründungen und Zielen doch deutlich voneinander verschieden sind.

[3]Die Enthellenisierung erscheint zuerst mit den Anliegen der Reformation des 16. Jahrhunderts verknüpft. [4]Die Reformatoren sahen sich angesichts der theologischen Schultradition einer ganz von der Philosophie her bestimmten Systematisierung des Glaubens gegenüber, sozusagen einer Fremdbestimmung des Glaubens durch ein nicht aus ihm kommendes Denken. [5]Der Glaube erschien dabei nicht mehr als lebendiges geschichtliches Wort, sondern eingehaust in ein philosophisches System. [6]Das *Sola Scriptura* sucht demgegenüber die reine Urgestalt des Glaubens, wie er im biblischen Wort ursprünglich da ist. [7]Metaphysik erscheint als eine Vorgabe von anderswoher, von der man den Glauben befreien muß, damit er ganz wieder er selber sein könne. [8]In einer für die Reformatoren nicht vorhersehbaren Radikalität hat Kant mit seiner Aussage, er habe das Denken beiseite schaffen müssen, um dem Glauben Platz zu machen, aus diesem Programm heraus gehandelt. [9]Er hat dabei den Glauben ausschließlich in der praktischen Vernunft verankert und ihm den Zugang zum Ganzen der Wirklichkeit abgesprochen.

VI. Enttheologisierung in der Neuzeit: Die Verengung des Vernunftbegriffs

[1]Die liberale Theologie des 19. und 20. Jahrhunderts brachte eine zweite Welle im Programm der Enthellenisierung mit sich, für die Adolf von Harnack als herausragender Repräsentant steht. [2]In der Zeit, als ich studierte, wie in den frühen Jahren meines akademischen Wirkens war dieses Programm auch in der katholischen Theologie kräftig am Werk. [3]Pascals Unterscheidung zwischen dem Gott der Philosophen und dem Gott Abrahams, Isaaks und Jakobs diente als Ausgangspunkt dafür. [4]In meiner Bonner Antrittsvorlesung von 1959 habe ich mich damit auseinanderzusetzen versucht, und möchte dies alles hier nicht neu aufnehmen. [5]Wohl aber möchte ich wenigstens in aller Kürze versuchen, das unterscheidend Neue dieser zweiten Enthellenisierungswelle gegenüber der ersten herauszustellen. [6]Als Kerngedanke erscheint bei Harnack die Rückkehr zum einfachen Menschen Jesus und zu seiner einfachen Botschaft, die allen Theologisierungen und eben auch Hellenisierungen voraus liege: [7]Diese einfache Botschaft stelle die wirkliche Höhe der religiösen Entwicklung der Menschheit dar. [8]Jesus habe den Kult zugunsten der Moral verabschiedet. [9]Er wird im letzten als Vater einer menschenfreundlichen moralischen Botschaft dargestellt. [10]Dabei geht es Harnack im Grunde darum, das Christentum wieder mit der modernen Vernunft in Einklang zu bringen, eben indem man es von scheinbar philosophischen und theologischen Elementen wie etwa dem Glauben an die Gottheit Christi und die Dreieinheit Gottes befreie. [11]Insofern ordnet die historisch-kritische Auslegung des Neuen Testaments, wie er sie sah, die Theologie wieder neu in den Kosmos der Universität ein: [12]Theologie ist für Harnack wesentlich historisch und so streng wissenschaftlich. [13]Was sie auf dem Weg der Kritik über Jesus ermittelt, ist sozusagen Ausdruck der praktischen Vernunft und damit auch im Ganzen der Universität vertretbar. [14]Im Hintergrund steht die neuzeitliche Selbstbeschränkung der Vernunft, wie sie in Kants Kritiken klassischen Ausdruck gefunden hatte, inzwischen aber vom naturwissenschaftlichen Denken weiter radikalisiert wurde. [15]Diese moderne Auffassung der Vernunft beruht auf einer durch den technischen Erfolg bestätigten Synthese zwischen Platonismus (und Cartesianismus) und Empirismus, um es verkürzt zu sagen. [16]Auf der einen Seite wird die mathematische Struktur der Materie, sozusagen ihre innere Rationalität vorausgesetzt, die es möglich macht, sie in ihrer Wirkform zu verstehen und zu gebrauchen: [17]Diese Grundvoraussetzung ist

sozusagen das platonische Element im modernen Naturverständnis. [18]Auf der anderen Seite geht es um die Funktionalisierbarkeit der Natur für unsere Zwecke, wobei die Möglichkeit der Verifizierung oder Falsifizierung im Experiment erst die entscheidende Gewißheit liefert. [19]Das Gewicht zwischen den beiden Polen kann je nachdem mehr auf der einen oder anderen Seite liegen. [20]Ein so streng positivistischer Denker wie Monod hat sich als überzeugter Platoniker bezeichnet. [21]Dies bringt zwei für unsere Frage entscheidende Grundorientierungen mit sich. [22]Nur die im Zusammenspiel von Mathematik und Empirie sich ergebende Form von Gewißheit gestattet es, von Wissenschaftlichkeit zu sprechen. [23]Was Wissenschaft sein will, muß sich diesem Maßstab stellen. [24]So versuchten dann auch die auf die menschlichen Dinge bezogenen Wissenschaften wie Geschichte, Psychologie, Soziologie, Philosophie, sich diesem Kanon von Wissenschaftlichkeit anzunähern. [25]Wichtig für unsere Überlegungen ist aber noch, daß die Methode als solche die Gottesfrage ausschließt und sie als unwissenschaftliche oder vorwissenschaftliche Frage erscheinen läßt. [26]Damit aber stehen wir vor einer Verkürzung des Radius von Wissenschaft und Vernunft, die in Frage gestellt werden muß. [27]Darauf werde ich zurückkommen. [28]Einstweilen bleibt festzustellen, daß bei einem von dieser Sichtweise bestimmten Versuch, Theologie „wissenschaftlich" zu erhalten, vom Christentum nur ein armseliges Fragmentstück übrigbleibt. [29]Aber wir müssen sagen: [30]Wenn dies allein die ganze Wissenschaft ist, dann wird der Mensch selbst dabei verkürzt. [31]Denn die eigentlich menschlichen Fragen, die nach unserem Woher und Wohin, die Fragen der Religion und des Ethos können dann nicht im Raum der gemeinsamen, von der so verstandenen „Wissenschaft" umschriebenen Vernunft Platz finden und müssen ins Subjektive verlegt werden. [32]Das Subjekt entscheidet mit seinen Erfahrungen, was ihm religiös tragbar erscheint, und das subjektive „Gewissen" wird zur letztlich einzigen ethischen Instanz. [33]So aber verlieren Ethos und Religion ihre gemeinschaftsbildende Kraft und verfallen der Beliebigkeit. [34]Dieser Zustand aber ist für die Menschheit gefährlich: [35]Wir sehen es an den uns bedrohenden Pathologien der Religion und der Vernunft, die notwendig ausbrechen müssen, wo die Vernunft so verengt wird, daß ihr die Fragen der Religion und des Ethos nicht mehr zugehören. [36]Was an ethischen Versuchen von den Regeln der Evolution oder Psychologie und Soziologie her bleibt, reicht einfach nicht aus.

VII. Das Argument der Inkulturation: Griechisch versus universal

[1]Bevor ich zu den Schlußfolgerungen komme, auf die ich mit alledem hinaus will, muß ich noch kurz die dritte Enthellenisierungswelle andeuten, die zurzeit umgeht. [2]Angesichts der Begegnung mit der Vielheit der Kulturen sagt man heute gern, die Synthese mit dem Griechentum, die sich in der alten Kirche vollzogen habe, sei eine erste Inkulturation des Christlichen gewesen, auf die man die anderen Kulturen nicht festlegen dürfe. [3]Ihr Recht müsse es sein, hinter diese Inkulturation zurückzugehen auf die einfache Botschaft des Neuen Testaments, um sie in ihren Räumen jeweils neu zu inkulturieren. [4]Diese These ist nicht einfach falsch, aber doch vergröbert und ungenau. [5]Denn das Neue Testament ist griechisch geschrieben und trägt in sich selber die Berührung mit dem griechischen Geist, die in der vorangegangenen Entwicklung des Alten Testaments gereift war. [6]Gewiß gibt es Schichten im Werdeprozeß der alten Kirche, die nicht in alle Kulturen eingehen

121

müssen. [7]Aber die Grundentscheidungen, die eben den Zusammenhang des Glaubens mit dem Suchen der menschlichen Vernunft betreffen, die gehören zu diesem Glauben selbst und sind seine ihm gemäße Entfaltung.

VIII. Religion – Wissenschaft – Universität:
Die ganze Weite der Vernunft schließt das Göttliche mit ein

[1]Damit komme ich zum Schluß. [2]Die eben in ganz groben Zügen versuchte oder angedeutete Selbstkritik der modernen Vernunft schließt ganz und gar nicht die Auffassung ein, man müsse nun wieder hinter die Aufklärung zurückgehen und die Einsichten der Moderne verabschieden. [3]Das Große der modernen Geistesentwicklung wird ungeschmälert anerkannt: [4]Wir alle sind dankbar für die großen Möglichkeiten, die sie dem Menschen erschlossen hat und für die Fortschritte an Menschlichkeit, die uns geschenkt wurden. [5]Das Ethos der Wissenschaftlichkeit – Sie haben es angedeutet Magnifizenz – ist im übrigen Wille zum Gehorsam gegenüber der Wahrheit und insofern Ausdruck einer Grundhaltung, die zu den wesentlichen Entscheiden des Christlichen gehört. [6]Nicht Rücknahme, nicht negative Kritik ist gemeint, sondern um Ausweitung unseres Vernunftbegriffs und -gebrauchs geht es. [7]Denn bei aller Freude über die neuen Möglichkeiten des Menschen sehen wir auch die Bedrohungen, die aus diesen Möglichkeiten aufsteigen, und müssen uns fragen, wie wir ihrer Herr werden können. [8a]Wir können es nur, wenn Vernunft und Glaube auf neue Weise zueinanderfinden; [b]wenn wir die selbstverfügte Beschränkung der Vernunft auf das im Experiment Falsifizierbare überwinden und der Vernunft ihre ganze Weite wieder eröffnen. [9]In diesem Sinn gehört Theologie nicht nur als historische und humanwissenschaftliche Disziplin, sondern als eigentliche Theologie, als Frage nach der Vernunft des Glaubens an die Universität und in ihren weiten Dialog der Wissenschaften hinein.

[10]Nur so werden wir auch zum wirklichen Dialog der Kulturen und Religionen fähig, dessen wir so dringend bedürfen. [11]In der westlichen Welt herrscht weithin die Meinung, allein die positivistische Vernunft und die ihr zugehörigen Formen der Philosophie seien universal. [12]Aber von den tief religiösen Kulturen der Welt wird gerade dieser Ausschluß des Göttlichen aus der Universalität der Vernunft als Verstoß gegen ihre innersten Überzeugungen angesehen. [13]Eine Vernunft, die dem Göttlichen gegenüber taub ist und Religion in den Bereich der Subkulturen abdrängt, ist unfähig zum Dialog der Kulturen. [14]Dabei trägt, wie ich zu zeigen versuchte, die moderne naturwissenschaftliche Vernunft mit dem ihr innewohnenden platonischen Element eine Frage in sich, die über sie und ihre methodischen Möglichkeiten hinausweist. [15]Sie selber muß die rationale Struktur der Materie wie ihre Korrespondenz zwischen uns wie die Korrespondenz der Materie zwischen unserem Geist und den in der Natur waltenden rationalen Strukturen ganz einfach als Gegebenheit annehmen, auf der ihr methodischer Weg beruht. [16]Aber die Frage, warum dies so ist, die besteht doch und muß von der Naturwissenschaft weitergegeben werden an andere Ebenen und Weisen des Denkens – an Philosophie und Theologie. [17]Für die Philosophie und in anderer Weise für die Theologie ist das Hören auf die großen Erfahrungen und Einsichten der religiösen Traditionen der Menschheit, besonders aber des christlichen Glaubens, eine Erkenntnisquelle, der sich zu verweigern eine unzulässige Verengung unseres Hörens und Antwortens wäre. [18]Mir kommt da ein Wort des Sokrates an Phaidon in den Sinn. [19]In den vorangehenden Gesprächen hatte man

viele falsche philosophische Meinungen berührt, und nun sagt Sokrates: [20]Es wäre wohl zu verstehen, wenn einer aus Ärger über so viel Falsches sein übriges Leben lang alle Reden über das Sein haßte und schmähte. [21]Aber auf diese Weise würde er der Wahrheit des Seienden verlustig gehen und einen sehr großen Schaden erleiden. [22]Der Westen ist seit langem von dieser Abneigung gegen die grundlegenden Fragen seiner Vernunft bedroht und könnte damit einen großen Schaden erleiden. [23]Mut zur Weite der Vernunft, nicht Absage an ihre Größe – das ist das Programm, mit dem eine dem biblischen Glauben verpflichtete Theologie in den Disput der Gegenwart eintritt. [24]„Nicht vernunftgemäß, nicht mit dem Logos handeln ist dem Wesen Gottes zuwider", hat Manuel II. von seinem christlichen Gottesbild her zu seinem persischen Gesprächspartner gesagt. [25]In diesen großen Logos, in diese Weite der Vernunft laden wir beim Dialog der Kulturen unsere Gesprächspartner ein. [26]Sie selber immer wieder zu finden, ist die große Aufgabe der Universität.

XII. ANHANG 2: Die Bundestagsrede

Editierte Rede Papst Benedikts XVI. im Deutschen Bundestag am 22. September 2011:

I. Einleitung und Dank

[1a]Sehr geehrter Herr Bundespräsident!
[b]Herr Bundestagspräsident!
[c]Frau Bundeskanzlerin!
[d]Herr Bundesratspräsident![162]
[e]Meine Damen und Herren Abgeordnete!

[2]Es ist mir Ehre und Freude, vor diesem Hohen Haus zu sprechen – vor dem Parlament meines deutschen Vaterlandes, das als demokratisch gewählte Volksvertretung hier zusammenkommt, um zum Wohl der Bundesrepublik Deutschland zu arbeiten. [3]Dem Herrn Bundestagspräsidenten möchte ich für seine Einladung zu dieser Rede ebenso danken wie für die freundlichen Worte der Begrüßung und Wertschätzung, mit denen er mich empfangen hat. [4]In dieser Stunde wende ich mich an Sie, verehrte Damen und Herren – gewiß auch als Landsmann, der sich lebenslang seiner Herkunft verbunden weiß und die Geschicke der deutschen Heimat mit Anteilnahme verfolgt. [5]Aber die Einladung zu dieser Rede gilt mir als Papst, als Bischof von Rom, der die oberste Verantwortung für die katholische Christenheit trägt. [6]Sie anerkennen damit die Rolle, die dem Heiligen Stuhl als Partner innerhalb der Völker- und Staatengemeinschaft zukommt. [7]Von dieser meiner internationalen Verantwortung her möchte ich Ihnen einige Gedanken über die Grundlagen des freiheitlichen Rechtsstaates vorlegen.

II. Recht, Macht und wahres Recht: Historische Zugänge zur Grundfrage der Politik

[1]Lassen Sie mich meine Überlegungen über die Grundlagen des Rechts mit einer kleinen Geschichte aus der Heiligen Schrift beginnen. [2]Im ersten Buch der Könige wird erzählt, daß Gott dem jungen König Salomon bei seiner Thronbesteigung eine Bitte freistellte. [3]Was wird sich der junge Herrscher in diesem Augenblick erbitten? [4]Erfolg – Reichtum – langes Leben – Vernichtung der Feinde? [5]Nicht um diese Dinge bittet er. [6]Er bittet: [7]„Verleih deinem Knecht ein hörendes Herz, damit er dein Volk zu regieren und das Gute vom Bösen zu unterscheiden versteht". [8]Die Bibel will uns mit dieser Erzählung sagen, worauf es für einen Politiker letztlich ankommen muß. [9]Sein letzter Maßstab und der Grund für seine Arbeit als Politiker darf nicht der Erfolg und schon gar nicht materieller Gewinn sein. [10]Die Politik muß Mühen um Gerechtigkeit sein und so die Grundvoraussetzung für Friede schaffen. [11]Natürlich wird ein Politiker den Erfolg suchen, ohne den er überhaupt nicht die Möglichkeit politischer Gestaltung hätte. [12]Aber der

---

[162] Die versehentlich verwendete feminine Form ist hier korrigiert worden.

Erfolg ist dem Maßstab der Gerechtigkeit, dem Willen zum Recht und dem Verstehen für das Recht untergeordnet. [13]Erfolg kann auch Verführung sein und kann so den Weg auftun für die Verfälschung des Rechts, für die Zerstörung der Gerechtigkeit. [14]„Nimm das Recht weg – was ist dann ein Staat auch anderes als eine große Räuberbande", hat der heilige Augustinus einmal gesagt. [15]Wir Deutsche wissen es aus eigener Erfahrung, daß diese Worte nicht ein leeres Schreckgespenst sind. [16]Wir haben erlebt, daß Macht von Recht getrennt wurde, daß Macht gegen Recht stand, das Recht zertreten hat und daß der Staat zum Instrument der Rechtszerstörung wurde – zu einer sehr gut organisierten Räuberbande, die die ganze Welt bedrohen und an den Rand des Abgrunds treiben konnte. [17]Dem Recht zu dienen und der Herrschaft des Unrechts zu wehren ist und bleibt die grundlegende Aufgabe des Politikers. [18]In einer historischen Stunde, in der dem Menschen Macht zugefallen ist, die bisher nicht vorstellbar war, wird diese Aufgabe besonders dringlich. [19]Der Mensch kann die Welt zerstören. [20]Er kann sich selbst manipulieren. [21]Er kann sozusagen Menschen machen und Menschen vom Menschsein ausschließen. [22]Wie erkennen wir, was recht ist? [23]Wie können wir zwischen Gut und Böse, zwischen wahrem Recht und Scheinrecht unterscheiden? [24]Die salomonische Bitte bleibt die entscheidende Frage, vor der der Politiker und die Politik auch heute stehen. [25]In einem Großteil der rechtlich zu regelnden Materien kann die Mehrheit ein genügendes Kriterium sein. [26]Aber daß in den Grundfragen des Rechts, in denen es um die Würde des Menschen und der Menschheit geht, das Mehrheitsprinzip nicht ausreicht, ist offenkundig: [27]Jeder Verantwortliche muß sich bei der Rechtsbildung die Kriterien seiner Orientierung suchen. [28]Im 3. Jahrhundert hat der große Theologe Origenes den Widerstand der Christen gegen bestimmte geltende Rechtsordnungen so begründet: [29]„Wenn jemand sich bei den Skythen befände, die gottlose Gesetze haben, und gezwungen wäre, bei ihnen zu leben …, dann würde er wohl sehr vernünftig handeln, wenn er im Namen des Gesetzes der Wahrheit, das bei den Skythen ja Gesetzwidrigkeit ist, zusammen mit Gleichgesinnten auch entgegen der bei jenen bestehenden Ordnung Vereinigungen bilden würde …"
[30]Von dieser Überzeugung her haben die Widerstandskämpfer gegen das Naziregime und gegen andere totalitäre Regime gehandelt und so dem Recht und der Menschheit als ganzer einen Dienst erwiesen. [31]Für diese Menschen war es unbestreitbar evident, daß geltendes Recht in Wirklichkeit Unrecht war. [32]Aber bei den Entscheidungen eines demokratischen Politikers ist die Frage, was nun dem Gesetz der Wahrheit entspreche, was wahrhaft recht sei und Gesetz werden könne, nicht ebenso evident. [33]Was in bezug auf die grundlegenden anthropologischen Fragen das Rechte ist und geltendes Recht werden kann, liegt heute keineswegs einfach zutage. [34]Die Frage, wie man das wahrhaft Rechte erkennen und so der Gerechtigkeit in der Gesetzgebung dienen kann, war nie einfach zu beantworten, und sie ist heute in der Fülle unseres Wissens und unseres Könnens noch sehr viel schwieriger geworden.

III. Was ist recht? Entwicklung und Krise des abendländischen Rechtsverständnisses.

[1]Wie erkennt man, was recht ist? [2]In der Geschichte sind Rechtsordnungen fast durchgehend religiös begründet worden: [3]Vom Blick auf die Gottheit her wird entschieden, was unter Menschen rechtens ist. [4]Im Gegensatz zu anderen großen

Religionen hat das Christentum dem Staat und der Gesellschaft nie ein Offenbarungsrecht, nie eine Rechtsordnung aus Offenbarung vorgegeben. [5]Es hat stattdessen auf Natur und Vernunft als die wahren Rechtsquellen verwiesen – auf den Zusammenklang von objektiver und subjektiver Vernunft, der freilich das Gegründetsein beider Sphären in der schöpferischen Vernunft Gottes voraussetzt. [6]Die christlichen Theologen haben sich damit einer philosophischen und juristischen Bewegung angeschlossen, die sich seit dem zweiten Jahrhundert vor Christus gebildet hatte. [7]In der ersten Hälfte des zweiten vorchristlichen Jahrhunderts kam es zu einer Begegnung zwischen dem von stoischen Philosophen entwickelten sozialen Naturrecht und verantwortlichen Lehrern des römischen Rechts. [8]In dieser Berührung ist die abendländische Rechtskultur geboren worden, die für die Rechtskultur der Menschheit von entscheidender Bedeutung war und ist. [9]Von dieser vorchristlichen Verbindung von Recht und Philosophie geht der Weg über das christliche Mittelalter in die Rechtsentfaltung der Aufklärungszeit bis hin zur Erklärung der Menschenrechte und bis zu unserem deutschen Grundgesetz, mit dem sich unser Volk 1949 zu den „unverletzlichen" und unveräußerlichen" Menschenrechten als Grundlage jeder menschlichen Gemeinschaft, des Friedens und der Gerechtigkeit in der Welt" bekannt hat. [10]Für die Entwicklung des Rechts und für die Entwicklung der Humanität war es entscheidend, daß sich die christlichen Theologen gegen das vom Götterglauben geforderte religiöse Recht auf die Seite der Philosophie gestellt, Vernunft und Natur in ihrem Zueinander als die für alle gültige Rechtsquelle anerkannt haben. [11]Diesen Entscheid hatte schon Paulus im Brief an die Römer vollzogen, wenn er sagt: [12]„Wenn Heiden, die das Gesetz (die Tora Israels) nicht haben, von Natur aus das tun, was im Gesetz gefordert ist, so sind sie... sich selbst Gesetz. [13a]Sie zeigen damit, daß ihnen die Forderung des Gesetzes ins Herz geschrieben ist; [b]ihr Gewissen legt Zeugnis davon ab...". [14]Hier erscheinen die beiden Grundbegriffe Natur und Gewissen, wobei Gewissen nichts anderes ist als das hörende Herz Salomons, als die der Sprache des Seins geöffnete Vernunft. [15]Wenn damit bis in die Zeit der Aufklärung, der Menschenrechtserklärung nach dem Zweiten Weltkrieg und in der Gestaltung unseres Grundgesetzes die Frage nach den Grundlagen der Gesetzgebung geklärt schien, so hat sich im letzten halben Jahrhundert eine dramatische Veränderung der Situation zugetragen. [16]Der Gedanke des Naturrechts gilt heute als eine katholische Sonderlehre, über die außerhalb des katholischen Raums zu diskutieren nicht lohnen würde, so daß man sich schon beinahe schämt, das Wort überhaupt zu erwähnen. [17]Ich möchte kurz andeuten, wieso diese Situation entstanden ist. [18]Grundlegend ist zunächst die These, daß zwischen Sein und Sollen ein unüberbrückbarer Graben bestehe. [19]Aus Sein könne kein Sollen folgen, weil es sich da um zwei völlig verschiedene Bereiche handle. [20]Der Grund dafür ist das inzwischen fast allgemein angenommene positivistische Verständnis von Natur. [21]Wenn man die Natur – mit den Worten von Hans Kelsen – als „ein Aggregat von als Ursache und Wirkung miteinander verbundener Seinstatsachen" ansieht, dann kann aus ihr in der Tat keine irgendwie geartete ethische Weisung hervorgehen. [22]Ein positivistischer Naturbegriff, der die Natur rein funktional versteht, so wie die Naturwissenschaft sie erkennt, kann keine Brücke zu Ethos und Recht herstellen, sondern wiederum nur funktionale Antworten hervorrufen. [23]Das gleiche gilt aber auch für die Vernunft in einem positivistischen, weithin als allein wissenschaftlich angesehenen Verständnis. [24]Was nicht verifizierbar oder falsifizierbar ist, gehört danach nicht in den Bereich der Vernunft im strengen Sinn. Deshalb müssen Ethos und Religion dem Raum des Subjektiven zugewiesen werden und fallen aus dem Bereich der Vernunft im strengen Sinn des Wortes heraus. [25]Wo die alleinige Herrschaft der positivistischen Vernunft gilt – und das ist in unserem öffentlichen Bewußtsein weithin der Fall –, da sind die klassischen Erkenntnisquellen für Ethos und Recht außer Kraft gesetzt. [26]Dies ist eine dramatische Situation, die alle angeht und über die eine öffentliche Diskussion notwendig ist, zu der dringend einzuladen eine wesentliche Absicht dieser Rede bildet.

IV. Verengte Perspektive: Der moderne Vernunftbegriff behindert den Blick auf das Ganze der Wirklichkeit

[1]Das positivistische Konzept von Natur und Vernunft, die positivistische Weltsicht als Ganze ist ein großartiger Teil menschlichen Erkennens und menschlichen Könnens, auf die wir keinesfalls verzichten dürfen. [2]Aber es ist nicht selbst als Ganzes eine dem Menschsein in seiner Weite entsprechende und genügende Kultur. [3]Wo die positivistische Vernunft sich allein als die genügende Kultur ansieht und alle anderen kulturellen Realitäten in den Status der Subkultur verbannt, da verkleinert sie den Menschen, ja sie bedroht seine Menschlichkeit. [4]Ich sage das gerade im Hinblick auf Europa, in dem weite Kreise versuchen, nur den Positivismus als gemeinsame Kultur und als gemeinsame Grundlage für die Rechtsbildung anzuerkennen, alle übrigen Einsichten und Werte unserer Kultur in den Status einer Subkultur verweisen und damit Europa gegenüber den anderen Kulturen der Welt in einen Status der Kulturlosigkeit gerückt und zugleich extremistische und radikale Strömungen herausgefordert werden. [5]Die sich exklusiv gebende positivistische Vernunft, die über das Funktionieren hinaus nichts wahrnehmen kann, gleicht den Betonbauten ohne Fenster, in denen wir uns Klima und Licht selber geben, beides nicht mehr aus der weiten Welt Gottes beziehen wollen. [6]Und dabei können wir uns doch nicht verbergen, daß wir in dieser selbstgemachten Welt im Stillen doch aus den Vorräten Gottes schöpfen, die wir zu unseren Produkten umgestalten. [7]Die Fenster müssen wieder aufgerissen werden, wir müssen wieder die Weite der Welt, den Himmel und die Erde sehen und all dies recht zu gebrauchen lernen.
[8]Aber wie geht das? [9]Wie finden wir in die Weite, ins Ganze? [10]Wie kann die Vernunft wieder ihre Größe finden, ohne ins Irrationale abzugleiten? [11]Wie kann die Natur wieder in ihrer wahren Tiefe, in ihrem Anspruch und mit ihrer Weisung erscheinen? [12]Ich erinnere an einen Vorgang in der jüngeren politischen Geschichte, in der Hoffnung, nicht allzusehr mißverstanden zu werden und nicht zu viele einseitige Polemiken hervorzurufen. [13]Ich würde sagen, daß das Auftreten der ökologischen Bewegung in der deutschen Politik seit den 70er Jahren zwar wohl nicht Fenster aufgerissen hat, aber ein Schrei nach frischer Luft gewesen ist und bleibt, den man nicht überhören darf und nicht beiseite schieben kann, weil man zu viel Irrationales darin findet. [14]Jungen Menschen war bewußt geworden, daß irgend etwas in unserem Umgang mit der Natur nicht stimmt. [15]Daß Materie nicht nur Material für unser Machen ist, sondern daß die Erde selbst ihre Würde in sich trägt und wir ihrer Weisung folgen müssen. [16]Es ist wohl klar, daß ich hier nicht Propaganda für eine bestimmte politische Partei mache – nichts liegt mir ferner als das. [17]Wenn in unserem Umgang mit der Wirklichkeit etwas nicht stimmt, dann müssen wir alle ernstlich über das Ganze nachdenken und sind alle auf die Frage nach den Grundlagen unserer Kultur überhaupt verwiesen. [18]Erlauben Sie mir, bitte, daß ich noch einen Augenblick bei diesem Punkt bleibe. [19]Die Bedeutung der Ökologie ist inzwischen

unbestritten. [20]Wir müssen auf die Sprache der Natur hören und entsprechend antworten. [21]Ich möchte aber nachdrücklich einen Punkt ansprechen, der nach wie vor – wie mir scheint – ausgeklammert wird: [22]Es gibt auch eine Ökologie des Menschen. [23]Auch der Mensch hat eine Natur, die er achten muß und die er nicht beliebig manipulieren kann. [24]Der Mensch ist nicht nur sich selbst machende Freiheit. [25]Der Mensch macht sich nicht selbst. [26]Er ist Geist und Wille…. er ist Geist und Wille, aber er ist auch Natur, und sein Wille ist dann recht, wenn er auf die Natur achtet, sie hört und sich annimmt als der, der er ist und der sich nicht selbst gemacht hat. [27]Gerade so und nur so vollzieht sich wahre menschliche Freiheit.

V. Zur Quelle aller Ordnung: Der *Creator Spiritus* als Fundament von Recht und Welt

[1]Kehren wir zurück zu den Grundbegriffen Natur und Vernunft, von denen wir ausgegangen waren. [2]Der große Theoretiker des Rechtspositivismus, Kelsen, hat im Alter von 84 Jahren – 1965 – den Dualismus von Sein und Sollen aufgegeben. [3]Es tröstet mich, dass man mit 84 Jahren offenbar doch noch etwas Vernünftiges denken kann. [4]Er hatte gesagt, … er hatte früher gesagt, daß Normen nur aus dem Willen kommen können. [5]Die Natur könnte folglich Normen nur enthalten, so fügt er hinzu, wenn ein Wille diese Normen in sie hineingelegt hätte. [6]Dies wiederum – sagt er – würde einen Schöpfergott voraussetzen, dessen Wille in die Natur miteingegangen ist. [7]„Über die Wahrheit dieses Glaubens zu diskutieren, ist völlig aussichtslos", bemerkt er dazu. [8]Wirklich? – möchte ich fragen. [9]Ist es wirklich sinnlos zu bedenken, ob die objektive Vernunft, die sich in der Natur zeigt, nicht eine schöpferische Vernunft, einen Creator Spiritus voraussetzt? [10]An dieser Stelle müßte uns das kulturelle Erbe Europas zu Hilfe kommen. [11]Von der Überzeugung eines Schöpfergottes her ist die Idee der Menschenrechte, die Idee der Gleichheit aller Menschen vor dem Recht, die Erkenntnis der Unantastbarkeit der Menschenwürde in jedem einzelnen Menschen und das Wissen um die Verantwortung der Menschen für ihr Handeln entwickelt worden. [12]Diese Erkenntnisse der Vernunft bilden unser kulturelles Gedächtnis. [13]Es zu ignorieren oder als bloße Vergangenheit zu betrachten, wäre eine Amputation unserer Kultur insgesamt und würde sie ihrer Ganzheit berauben. [14]Die Kultur Europas ist aus der Begegnung von Jerusalem, Athen und Rom – aus der Begegnung zwischen dem Gottesglauben Israels, der philosophischen Vernunft der Griechen und dem Rechtsdenken Roms entstanden. [15]Diese dreifache Begegnung bildet die innere Identität Europas. [16]Sie hat im Bewußtsein der Verantwortung des Menschen vor Gott und in der Anerkenntnis der unantastbaren Würde des Menschen, eines jeden Menschen, Maßstäbe des Rechts gesetzt, die zu verteidigen uns in unserer historischen Stunde aufgegeben ist. [17]Dem jungen König Salomon ist in der Stunde seiner Amtsübernahme eine Bitte freigestellt worden. [18]Wie wäre es, wenn uns, den Gesetzgebern von heute, eine Bitte freigestellt würde? [19]Was würden wir erbitten? [20]Ich denke, auch heute könnten wir letztlich nichts anderes wünschen als ein hörendes Herz – die Fähigkeit, Gut und Böse zu unterscheiden und so wahres Recht zu setzen, der Gerechtigkeit zu dienen und dem Frieden. [21]Ich danke Ihnen für Ihre Aufmerksamkeit!